Walter Scheel
Bundespräsident a. D.

Wen schmerzt noch Deutschlands Teilung?

Zwei Reden zum 17. Juni

Rowohlt

Umschlagentwurf Manfred Waller
Die Veröffentlichung der beiden Reden Walter Scheels
geschieht mit freundlicher Genehmigung des Presse-
und Informationszentrums des Deutschen Bundestages
und des Presse- und Informationsamtes
der Bundesregierung, Bonn.

Veröffentlicht im Rowohlt Taschenbuch Verlag GmbH,
Reinbek bei Hamburg, August 1986
Copyright © 1986 by Rowohlt Taschenbuch Verlag GmbH,
Reinbek bei Hamburg
Satz Times (Linotron 202)
Gesamtherstellung Clausen & Bosse, Leck
Printed in Germany
500-ISBN 3 499 18346 3

Inhalt

Ansprache zum Gedenken an den 17. Juni 1953 in der Sitzung
des Deutschen Bundestages
am 17. Juni 1986
7

Rede zum 25. Jahrestag des «Tages der deutschen Einheit»
im Plenarsaal des Deutschen Bundestages
am 17. Juni 1978
29

Anhang

Bertolt Brecht: Die Lösung
47

Der Arbeiteraufstand des 17. Juni 1953
(Aus: Hellmut G. Haasis, Spuren der Besiegten, Band 3)
51

Präambel zum Grundgesetz der Bundesrepublik Deutschland
67

Vertrag über die Grundlage der Beziehungen zwischen der
Bundesrepublik Deutschland und der Deutschen Demokratischen
Republik vom 21. Dezember 1972
69

Brief der Regierung der Bundesrepublik Deutschland zur
deutschen Einheit an die Regierung der Deutschen
Demokratischen Republik vom 21. Dezember 1972
73

Zusatzprotokoll und Protokollvermerk zum Vertrag
75

Auszug aus dem Urteil des Bundesverfassungsgerichts
vom 31. 7. 1973 zum Grundlagenvertrag
zwischen der Bundesrepublik Deutschland
und der Deutschen Demokratischen Republik
79

Ansprache zum Gedenken an den 17. Juni 1953 in der Sitzung des Deutschen Bundestages am 17. Juni 1986

Herr Präsident,
meine sehr verehrten Damen, meine Herren!

33 Jahre sind seit dem 17. Juni 1953 vergangen. Wie oft werden wir uns noch versammeln, um am Tage der deutschen Einheit des Volksaufstandes in der DDR zu gedenken? Unsere Hoffnungen sind leiser geworden. Damals dachten die Realisten, 20, 25, 30 Jahre werde es schon dauern, bis wir wieder vereint sein würden. 33 Jahre sind vergangen, und wir sind von der Einheit genauso weit entfernt wie damals. Und, gestehen wir es uns ein, gewöhnen wir uns in unserem täglichen Leben nicht daran?

Die Teilung hat uns viele Schmerzen bereitet. Schmerzt sie uns noch? Und wenn sie uns nicht mehr schmerzt – oder wenn sie uns weniger schmerzt: Ist es sinnvoll, alte Schmerzen wieder aufzurühren?

Wird nicht auch diese Stunde heute hier mißdeutet werden, nicht nur bei den östlichen Nachbarn, sondern auch bei uns, wie man sieht? Gibt es nicht viele, die sagen: Was sollen wir von der deutschen Einheit reden? Es nützt doch nichts, weder uns noch den Deutschen in der DDR. Und ist es nicht besser, Vereinbarungen mit der Regierung der DDR anzustreben, die es ermöglichen, daß mehr Jugendliche von dort uns hier besuchen können, oder Vereinbarungen, die das Besuchsalter der DDR-Bürger heruntersetzen? Und viele fragen auch: Werden solche Vereinbarungen nicht gerade durch eine Veranstaltung wie diese erschwert?

Ich sprach von den «Deutschen in der DDR». Erinnern Sie sich: Viele Jahre sprachen wir alle von unseren «Brüdern und Schwestern» dort. Das in solchen Formulierungen enthaltene Pathos will uns nicht mehr so recht über die Lippen. Und wo es gebraucht wird, macht es uns verlegen. Wie steht es mit unseren westlichen Freunden? Gewiß, es ist nicht schwer, sie zu Bekenntnissen zur deutschen Einheit zu veranlassen. Und da man nichts dafür tun kann, braucht man auch nichts dafür zu tun. Das Bekenntnis kostet nichts.

Wo immer wir in der internationalen Gemeinschaft auftreten, zitieren wir den Brief zur deutschen Einheit: unser Ziel, «auf einen Zustand des Friedens in Europa hinzuwirken, in dem das deutsche Volk in freier Selbstbestimmung seine Einheit wiedererlangt». Das ist ein richtiger, das ist ein guter Satz – aber wer draußen in der Welt liest nicht über diesen Satz hinweg?

Man weiß, daß er in unseren Verlautbarungen stehen muß. Er ist für die Menschen in der Welt, für unsere Freunde in der Welt zu einer Art deutschem Credo geworden, dem keine aktuelle politische Bedeutung innewohnt. Die Welt hat heute andere Sorgen.

Und wir selbst? Haben wir nicht auch andere Sorgen, Sorgen, wie sie etwa das Reaktor-Unglück in Tschernobyl ausgelöst hat? Ist es nicht wichtiger, internationale Regelungen für die Kernsicherheit zu finden, als Reden über die deutsche Einheit zu halten? Aber vielleicht hängen die beiden Problemkreise ja zusammen.

Vor acht Jahren habe ich hier im Deutschen Bundestag bei der gleichen Gelegenheit gesagt: «Unser Streben nach

Einheit ist ... ein in die Zukunft gerichtetes europäisches Friedensziel.» Nun, dieses Ziel läßt sich nur im Rahmen einer europäischen Friedensordnung lösen. Ja, bei Lichte betrachtet, die Schaffung einer solchen europäischen Friedensordnung wäre selbst schon die Verwirklichung des Ziels der deutschen Einheit.

In einer solchen Friedensordnung würden die Grenzen, die Berlin, die Deutschland, die Europa so schmerzhaft zerschneiden, ihre Bedeutung verlieren. Dann könnte ja auch jeder Deutsche in jeden Ort Deutschlands gehen. Dann wäre mit dem Schmerz der Teilung auch die Teilung selbst aufgehoben.

Die Grenzen, die Berlin und Deutschland mit Mauer und Stacheldraht zerteilen, haben keinen anderen Sinn, als eben dies zu verhindern, daß jeder Deutsche jederzeit zu jedem Ort in Deutschland gehen kann. Und das natürlich will die politische Führung der DDR verhindern, weil noch immer richtig ist anzunehmen, daß viele Deutsche aus der DDR ihren Staat verlassen und nicht wiederkehren würden. Und das hat seinen Grund darin, daß in der DDR die Menschenrechte, wie wir sie verstehen, eingeschränkt sind.

Ein System, das die Menschenrechte einschränkt, muß auch die Bewegungsfreiheit seiner Menschen einschränken. Das liegt in der Logik der Dinge. In dem Maße, in dem ein solcher Staat seinen Bürgern die Außenwelt öffnet, wird er im Innern die Menschenrechte respektieren. Eine europäische Friedensordnung, in der die Grenzen ihre Bedeutung verloren haben, kann also gar nichts anderes sein als eine Friedensordnung, die auf den Menschenrechten aufgebaut ist. Und umgekehrt: Solange die Menschenrechte nicht zur allgemein anerkannten Grundlage der Staatengemeinschaft geworden sind, so lange wird es die europäische Friedensordnung nicht geben.

Soll das nun heißen, daß die DDR, daß die osteuropäischen Staaten in einem zukünftigen Europa gefälligst unser Wertesystem zu übernehmen haben und das ihre aufzugeben hätten? Daß also nur sie sich ändern müßten, während wir über uns noch nicht einmal nachzudenken brauchen?

Ich gehe davon aus, daß sich in diesem Saale niemand befindet, der einer Friedensordnung das Wort redet, in der die bei uns garantierten Grundrechte nicht gelten. Aber wir würden es uns zu einfach machen, wenn wir an diesem Punkt aufhören würden weiterzudenken.

Auf dem eigenen Wertesystem zu bestehen bedeutet nicht notwendigerweise, der anderen Seite ein Wertesystem abzusprechen. Gewiß fällt es manchem schwer, angesichts des «real existierenden Sozialismus» dort überhaupt Werte zu entdecken. Wir denken: Eine Ideologie, die solche Folgen für den einzelnen hat, kann in ihrer Substanz nichts taugen.

Nun wird mich gewiß niemand der Sympathie mit dem Kommunismus verdächtigen. Ich mag ihn schon deshalb nicht, weil er eine Ideologie ist. Jede Ideologie – man verzeihe mir dieses liberale Bekenntnis – hat schon deswegen, weil sie Ideologie ist, unrecht.

Doch Karl Marx war ein kluger Deutscher, dessen Gedankengebäude – im Gegensatz etwa zum Nationalsozialismus – in der Tradition des deutschen Humanismus steht. Schon allein das spricht dafür, daß er nicht nur Falsches gedacht hat. Sein Weltentwurf ist, wie alles Menschenwerk, eine Mischung von Falschem und Richtigem, von Wahrem und Unwahrem.

Zu den Zeiten von Karl Marx wurde die Individualität der Industriearbeiter geleugnet, unterdrückt und ausgebeutet. Das ist eine historische Tatsache. Er schloß daraus, daß die Arbeitnehmer nur dann eine Überlebenschance hätten, wenn sie sich als eine Klasse begriffen und als Klasse gegen die Unterdrückung durch die anderen Klassen kämpften. Das war seinerzeit eine völlig rationale Überlegung. Marx beging nur den Fehler, aus der Not eine Tugend zu machen: Die Arbeiterklasse verwandelte sich ihm aus einer strategischen Notwendigkeit in einem bestimmten historischen Augenblick zum Träger eines Menschheitsideals.

Die Weltgeschichte ist voll von solchen Überhöhungen historisch bedingter Gegebenheiten: Mußten wir uns doch hier alle Ende der sechziger Jahre mit dem seltsamen Gedanken vertraut machen, daß der eigentliche Mensch Student zu sein habe.

Der Klasse wurde auch das notwendige Klassenbewußtsein geliefert, das, verkürzt gesprochen, auf die Formel hinauslief: Du allein bist nichts, deine Klasse ist alles. Der einzelne wurde später nur noch insoweit wahrgenommen, als er Teil einer Klasse, Teil einer Gruppe, Teil eines Kollektivs war. Dabei geriet das Individuum notwendigerweise unter die Räder.

Das heißt aber nicht, daß alles, was seitens des Staates zugunsten von Kollektiven geschieht, schlecht wäre, notwendigerweise verdammenswert wäre, auch wenn die Gefahr besteht, daß im Kollektiv das Individuum immer zu kurz kommt.

Die Menschen in der DDR denken über diese Seite des Sozialismus anders als wir. Das Fehlen der Menschenrechte, wie wir sie verstehen, ist sicher der Hauptgrund dafür, daß viele Deutsche sich dort nicht wohl fühlen. Wenn sie aber überhaupt ihrem Staat irgend etwas zugute halten, so ist es doch sicherlich die Betonung und weitgehende Realisierung ihrer Art von sozialen Sicherungen. Das gilt aber allenfalls für die junge Generation. Die Rentner können das System in der DDR nicht preisen. Gleichwohl ist nicht anzunehmen, daß die Bevölkerung der DDR auf ihre dort vorhandenen sozialen Einrichtungen in einer europäischen Friedensordnung verzichten wollte.

Wenn wir unsere eigene Gesellschaft betrachten, kommen wir zu dem Ergebnis, daß die Menschen auch hier nicht nur Individuen, sondern auch Kollektivwesen sind. Es kommt darauf an, welche Folgerung aus dieser Doppelnatur des Menschen gezogen wird. Die Industriegesellschaft zwingt den einzelnen in abstrakte Wirtschafts-, Arbeits-, Konsum-, Organisations- und Sozialstrukturen, die es zunehmend erschweren, sein Leben und Schicksal autonom zu gestalten.

Das mag man beklagen oder nicht – der moderne Fortschritt hat die Folge, daß der einzelne im Getriebe eines riesigen Apparates, in dem unendlich viele Räder auf eine für ihn geheimnisvolle Weise ineinandergreifen, zunehmend verschwindet. Diese Tendenz wird durch die Entwicklung der Mikroelektronik und der modernen Kommunikationstechniken im ganzen eher zu- als abnehmen, auch wenn sie auf der anderen Seite neue Freiheitsmöglichkeiten eröffnet. Die Unbefangenheit, mit der wir selbst täglich von der modernen «Massengesellschaft» reden, sollte uns zu denken geben.

Gerade angesichts dieser Entwicklung nun erhalten die individuellen Menschenrechte ihre ungeheure Bedeutung. Sie hauptsächlich geben dem einzelnen die Chance, seine Individualität in dem Sog der technologischen Entwicklung und der mit ihr verbundenen Anonymität zu bewahren. Darin liegt die tiefe und aktuelle Berechtigung, die Modernität unserer Menschenrechtsdefinition und unserer Menschenrechtspraxis. Doch das ändert nichts daran, daß wir immer beides zugleich sind: Teil der Masse und Individualität. Zwischen diesen Polen der Anonymität der modernen Welt und der unverwechselbaren Einzigartigkeit des Individuums vollzieht sich das moderne menschliche Schicksal.

Mit dieser Situation müssen sich die Staaten in West und Ost auseinandersetzen. Und sie setzen sich mit ihr auseinander.

Dabei müssen wir von unserem Standpunkt aus kritisieren, daß die östliche Seite den Menschen allzu ausschließlich als Kollektivwesen sieht, während wir uns fragen müssen, ob wir nicht zuweilen allzusehr seine Individualität herausheben und damit den kollektiven Zwängen, unter denen er steht, nur ungenügend gerecht werden.

Es spricht also einiges dafür, daß beide Seiten über ihre Positionen nachdenken müssen, um mit den Problemen der Zukunft fertig zu werden.

Und die Systeme lernen ja auch. Welch gewaltige Entwicklung hat unser eigener Staat als Sozialstaat seit dem 17. Juni 1953 gemacht! Und haben sich nicht auch die Menschenrechte in den sozialistischen Staaten seit 1953 entwickelt? Ein Problem Sacharow hätte es unter Stalin nicht gegeben. Wir werden weiter im Sinne unserer Menschenrechtsvorstellungen für die Aufhebung seiner Verbannung eintreten; wir werden für jedermann in der Welt eintreten, der wegen des Gebrauchs des Menschenrechts auf freie Meinungsäußerung verfolgt, ins Gefängnis oder in eine psychiatrische Klinik geworfen wird. Davon lassen wir uns nichts abhandeln.

Aber wir müssen auch die Unterschiede sehen, die es im Vergleich zu den Tagen Stalins und Berijas im östlichen Europa gibt. Und wir vergeben uns nichts, wenn wir sie sehen und wenn wir das, was wir sehen, anerkennen. Und sehen wir nicht, wie sich die Intelligenz der Sowjetunion zum Beispiel in Film, Theater und Literatur, und man muß sagen: mit Duldung des Staates, gegen die ständige Bevormundung durch Bürokratie und Partei auflehnt?

Es wäre müßig, auch nur einen Gedanken an eine europäische Friedensordnung zu verschwenden, wenn wir es auf der anderen Seite mit einem System zu tun hätten, das alle seine Gegner dahinmorden würde. Heute werden die Gegner belästigt, benachteiligt, verbannt, ausgewiesen, gefangengesetzt, in Straflager verschickt, in psychiatrische Kliniken gesteckt. Aber gemordet werden sie nicht. – Das mag manchem als zuwenig erscheinen. Und doch ist es viel.

Der Graben zwischen West und Ost ist trotz allem tief. Und ich glaube auch nicht an Theorien, die uns glauben machen möchten, der Weltgeist treibe uns auf eine Konvergenz zu, die die Unterschiede zwischen beiden Seiten verwische. Doch wäre eine Entwicklung ganz unvorstellbar, an deren Ende beide Seiten auf der Grundlage ihres unterschiedlichen Werteverständnisses vor sich selbst und vor der Welt vom anderen mit Achtung denken und sprechen? Die polare geistige Spannung würde auch dann bleiben, aber sie könnte sich von einer zerstörerischen Spannung, die die ganze Menschheit bedroht, in eine fruchtbare Spannung wandeln, aus der der Friede wachsen kann.

Davon sind wir noch weit entfernt; ja, ich habe den Eindruck, daß das, was wir uns mit großer Mühe und unter Anstrengung aller Kräfte an Gesprächsmöglichkeiten geschaffen haben, Stück für Stück wieder verlorenzugehen droht. An die Stelle des Gesprächs oder, diplomatisch gesprochen, der Verhandlungen treten zunehmend wieder Demonstrationen der Stärke und der Macht auf beiden Seiten. Das sei notwendig, sagt man uns, weil die Entspannungspolitik gescheitert sei. Deswegen müsse man eben eine andere Politik betreiben.

Die Frage lautet also: Ist es richtig, eine Politik der Stärke an die Stelle der Entspannungspolitik zu setzen? Schaut man sich die Argumente an, die belegen sollen, daß die Entspannungspolitik gescheitert sei, erfährt man: Bestimmte Erwartungen, die man insbesondere auf dem Abrüstungssektor gehegt hatte, sind enttäuscht worden. Das ist wahr – und das ist ein sehr ernstes Problem.

Entspannungspolitik kann nicht nur von einer Seite betrieben werden – das ist richtig –, da sie nämlich auf das Gespräch als Grundfigur der Politik zielt. Wird die Gesprächsbereitschaft der einen Seite von der anderen als Instrument der Machtpolitik, das heißt im Grunde: der Verweigerung des Gesprächs, betrieben, wie wir es erlebt haben, dann bleibt einem nichts anderes übrig, als sich auf den Monolog der Machtargumente zu verlassen.

So hat die Weltgeschichte bisher ja auch immer funktioniert oder, besser gesagt, nicht funktioniert. Bemühungen um Verständigung: Sie gelingt nicht im ersten Anlauf; wenn der andere nicht hören will, so sagt man, dann muß man sich eben selber stark machen. Der andere sieht das mit Besorgnis, empfindet die Stärke des Gegners zunehmend als Bedrohung, gegen die er sich seinerseits zu wappnen hat; die Spannung wächst. Am Ende jeder mißlungenen Verständigung stand – früher oder später – immer der Krieg. Ob ein Krieg ausbricht, hängt, ebenso wie die Organisation des Friedens, nicht nur von einem selbst ab, sondern genauso vom anderen. Auch der Friedenswille des Stärkeren verhindert keinen Krieg.

Angesichts der Atombombe aber können wir uns den Krieg nicht mehr leisten. Und damit können wir uns auch nicht mehr die politischen Praktiken leisten, die in der Menschheitsgeschichte immer wieder zu einem Krieg geführt haben. Die Alternative heute bei uns heißt: Frieden oder Untergang. Wir sind zum Frieden verurteilt.

Die Politik der Stärke kann, das muß man zugeben, für eine gewisse Zeit den Ausbruch eines Krieges verhindern.

Aber sie kann nie und nimmer den Frieden dauerhaft organisieren. Eine Politik der Stärke ist also nur in dem Maße sinnvoll, wie sie uns die dringend erforderliche und wahrscheinlich lange Zeitspanne des Nichtkrieges sichern kann, die wir zur Organisation eines dauerhaften Friedens brauchen.

Es kommt also zunächst alles darauf an, den Rüstungswettlauf zu verlangsamen und, wenn irgend möglich, zum Stillstand zu bringen. Hierin liegt die tiefe Bedeutung des Gleichgewichts im Rüstungsbereich begründet.

Solange beide Seiten an der Vorstellung des Kräftegleichgewichts festhalten, muß jede Rüstungsmaßnahme auf beiden Seiten – und sei es mit Tricks, mit Ausreden oder gar mit Verdrehungen – im Hinblick auf das Gleichgewicht vor der Welt gerechtfertigt werden. Genau das verhindert zwar nicht den Rüstungswettlauf insgesamt, aber es verlangsamt ihn ganz erheblich. Selbst wenn der Begriff «Gleichgewicht» eine Fiktion wäre, so könnten wir auf ihn doch nicht verzichten.

Nun verschwindet dieser Begriff zunehmend aus der internationalen Diskussion. Es gibt eine Tendenz, das Rüstungsverhältnis nach oben statt nach unten zu korrigieren. Es besteht die sehr konkrete Gefahr, daß sich damit der Rüstungswettlauf eher beschleunigte als verlangsamen ließe, was nichts anderes heißt, als daß die Zeit, die uns zur Rettung und zur Organisierung des Friedens bleibt, kürzer wird.

Bis zur Organisation des Friedens in Europa und selbst darüber hinaus werden beide Seiten Stärke – und Stärke heißt Rüstung – brauchen; denn es wäre illusionär anzunehmen, daß die Machtfrage jemals völlig aus der europäischen Geschichte verschwinden wird.

Die Frage ist nur: Wieviel Rüstung brauchen wir? Wir

brauchen um so weniger, je mehr beide Seiten bereit sind, über alles, auch und insbesondere über Rüstung, miteinander zu sprechen. Der erklärte beiderseitige Wille, nicht stärker als der andere sein zu wollen, ist ein ständiges Angebot und die wichtigste Voraussetzung zum Gespräch über die Abrüstung und damit die erste Voraussetzung für die Abrüstung selbst.

Nun wird eingewandt, man müsse die andere Seite durch die eigene überlegene Stärke zur Vernunft bringen. Das heißt nichts anderes, als daß man die Gegenseite durch solchen Druck zur Aufgabe ihrer Rüstungsanstrengungen zwingen will.

Ich gestehe offen, daß ich zu dieser Art Logik kein Vertrauen habe. Aber ein ungebremster Rüstungswettlauf würde auch zur Folge haben, daß der Lebensstandard der osteuropäischen Völker sinken würde, weil die wirtschaftlichen Kräfte dort alle auf die Rüstung konzentriert würden. Eine solche Entwicklung, wenn wir sie uns vor Augen führen, würde die Hoffnung auf eine auf die Menschenrechte aufgebaute europäische Friedensordnung endgültig begraben.

Aber ist die Entspannungspolitik, an der die Bundesrepublik Deutschland mit allen ihren im Bundestag vertretenen Kräften beteiligt war, wirklich gescheitert? Ich halte diese Behauptung für falsch, selbst für den Abrüstungsbereich. Atomteststopp, SALT I, SALT II und ABM-Vertrag haben den Rüstungswettlauf doch weitgehend verlangsamt, ihn eingegrenzt.

Aber die Entspannungspolitik ist ja mehr als Abrüstungspolitik. Ihr Grundprinzip ist es, jeden Bereich, der regelbar ist, zu regeln, jede Möglichkeit der Zusammenarbeit zu nutzen, die Lage der Menschen, soweit es die Verhältnisse zulassen, zu verbessern und den Menschenrechten immer weitere Geltung zu verschaffen. Dabei solte das nicht die Regelbare ausgeklammert bleiben. Die Ostverträge, das Berlin-Abkommen, die KSZE-Schlußakte – all dies hat Europa wie nichts sonst in der Nachkriegszeit vorangebracht, hat Tausenden und Tausenden das Leben erleichtert, hat uns dem Frieden sicherlich wenigstens ein Stückchen nähergerückt.

Es hat die fundamentalen Gegensätze zwischen den Blöcken nicht aufgehoben. Damit konnte kein Mensch rechnen und damit hat auch kein Mensch gerechnet. Aber es hat die zerstörerische Spannung zwischen den Blöcken ein wenig vermindert – und es hat einen kleinen Raum fruchtbarer Spannung zwischen ihnen eröffnet, einen Raum, in dem es schon einige Gemeinsamkeiten gab. Das aber – und nichts anderes – ist Entspannungspolitik: Der mühsame Versuch, im täglichen Bemühen den welt- und friedensbedrohenden Antagonismus der einander gegenüberstehenden Machtblöcke Stückchen für Stückchen umzuwandeln in ein Verhältnis, in dem beide Seiten, ohne sich aufzugeben, den Frieden mit dem anderen wollen müssen.

Das ist nicht in einem einzigen Sprung zu schaffen, auch nicht in 15 Jahren. Das kann, wenn man an die tiefe Gegensätzlichkeit der Systeme denkt und sie ernst nimmt, zwei, drei Generationen dauern. Und auf diesem Weg wird es immer Rückschläge geben. Aber das bedeutet doch nicht, daß man nach ein paar Jahren die Flinte ins Korn werfen dürfte. Das bedeutet doch nur, daß man ständig auf der Hut und daß man ständig geduldig sein muß, daß man Phantasie und neue politische Techniken entwickeln muß.

Die Menschheit muß zu dem noch unbekannten Geschichtskontinent aufbrechen, der Frieden heißt, weil der Frieden auf dem Boden der alten Geschichte, der Geschichte vor der Atombombe, nicht mehr zu finden ist.

Deshalb ist der KSZE-Prozeß wichtig. Deshalb gilt es hier so ganz besonders, jede kleinste Möglichkeit zu konkreten Fortschritten zu nutzen, weil hier die Stelle ist, aus der ein glaubwürdiger Friedens- und Abrüstungswille der Gegenseite erwachsen kann.

Entspannung, Gleichgewicht, Vertrauensbildung, Kooperation, Menschenrechte – all das sind keine Ziele und Methoden, die man wie abgetragene Kleider auf den Müllhaufen der Geschichte werfen dürfte. Sie sind die politischen Inhalte unserer eigenen Verantwortung für den Frieden. Dies scheint mir auch die entscheidende Lehre des Unglücks von Tschernobyl zu sein.

All unser politisches Denken nach dem Kriege wurde von der Existenz der Atombombe bestimmt, kreiste um das Problem: Wie kann verhindert werden, daß ein menschheitsvernichtender Atomkrieg ausbricht? Heute müssen wir feststellen, daß die Menschheit nicht nur durch Krieg, sondern durch bestimmte wissenschaftlich-technische Entwicklungen ganz real bedroht ist. Es scheint ja inzwischen völlig unstreitig, daß es in Tschernobyl noch unendlich viel schlimmer hätte kommen können. An der eigentlichen Katastrophe sind wir gerade noch einmal vorbeigekommen.

In Europa stellt sich die Situation nunmehr so dar, daß die Existenz und die Gesundheit der Menschen in Ost und West davon abhängen, daß eine solche wirklich unabsehbare Katastrophe nicht eintritt. Wenn wir den Worten mancher Nuklearexperten bei uns über die Sicherheit sowjetischer Kernkraftwerke im allgemeinen und im besonderen glauben würden, hätten wir alle Ursache, nach Tschernobyl sehr unruhig zu schlafen. Man kann die eigene Bevölkerung auch dadurch elementar verunsichern, daß man ohne ausreichende Kenntnisse über andere redet.

Dieses Unglück ist eine Folge der mangelhaften Sicherheitstechnologie der Sowjetunion im besonderen, im allgemeinen aber eine Folge der wissenschaftlich-technischen Entwicklung, an der West und Ost gleichermaßen teilhaben. Die Kernstrahlung macht keinen Unterschied zwischen den Systemen. Nicht nur von der Kernenergie gehen Gefahren für die Menschheit aus.

Niemand weiß zu sagen, welche möglichen Folgen irgendwelche in Labors gezüchteten Viren auf die Biologie dieses Planeten haben können. Andere Gefahren bedrohen das Weltklima. Welch unerhörte Giftigkeit bestimmte Stoffe selbst in kleinsten Dosen haben, ist uns seit Seveso bekannt.

Ich will niemandem angst machen. Ich will nur darauf hinweisen, daß die wissenschaftlich-technologische Entwicklung die politischen Strukturen der Welt in Frage zu stellen beginnt.

Wenn die Folgen der technologischen Entwicklung in einem Land von der ganzen Menschheit zu tragen sind, dann ist die technologische Entwicklung in diesem Land nicht mehr eine nationale, sondern eine menschheitliche Angelegenheit, dann ist dieses Land vor der ganzen Menschheit rechenschaftspflichtig.

Das aber bedeutet, daß technologische Entwicklungen, die mit solchen Gefahren verbunden sind, auf gar keinen Fall als Instrumente der Machtpolitik benutzt werden dürfen. Nach Tschernobyl sollte klargeworden sein: Machtkonfrontation und wissenschaftlich-technologische Entwicklung zusammen ergeben eine gefährliche Mischung, die die Zukunft der Menschheit bedroht. Wir werden diese beiden Elemente nur bändigen können, wenn wir es gemeinsam tun.

Es erscheint mir daher auch angebracht, das notwendige Gespräch nicht mit Vorwürfen gegenüber der Sowjetunion zu eröffnen. Immerhin haben sehr viele Sowjetbürger ihre

Gesundheit, möglicherweise sogar ihr Leben eingesetzt, um ihren besonders gefährdeten Mitbürgern zu helfen und um die ganz große Katastrophe zu verhindern. Den Opfern gilt unser tiefes Mitgefühl, den Helfern in der Not unser tiefer Respekt und auch unsere Dankbarkeit.

Nicht Verurteilungen oder Anklagen helfen uns weiter. Die Vorstellung, daß die Sowjetunion bereit ist, ihre eigene Bevölkerung zugunsten wirtschaftlicher Planerfüllung zu opfern, erscheint mir grotesk. Wir sitzen alle in dem einen Raumschiff Erde. Was wir brauchen, um es der Menschheit zu erhalten, ist, daß wir dem anderen Verständnis in einer Situation entgegenbringen, vor der wir mehr oder weniger selbst stehen oder selbst stehen könnten. Anerkennung und damit Stärkung des guten Willens der jeweils anderen Seite – der Verzicht auf Rechthaberei, das Angebot technischer, wissenschaftlicher und menschlicher Hilfe, das offene Eingeständnis auch eigener Schwächen, wo sie vorhanden sind –, das sind die Haltungen, die alleine eine wirkliche Kooperationsbereitschaft der anderen Seite zum gemeinsamen Nutzen bewirken können.

Ich weiß, daß die Haltung, die ich hier vorschlage, dem gewichtigen Einwand begegnet: Wie kann man in solchen Fragen einem System vertrauen, das – zum Schaden auch unserer Bürger – eine so katastrophale Informationspolitik betrieben hat? Eine solche Informationspolitik ist, das liegt auf der Hand, für kein betroffenes Land – wir sind alle betroffen – hinnehmbar.

Die Sowjetführung wäre verpflichtet gewesen, jedem betroffenen Land vom ersten Augenblick an umfassende Informationen zur Verfügung zu stellen. Mit der Information des Auslands wäre aber auch die betroffene Bevölkerung in der dicht besiedelten Ukraine informiert gewesen. Hätte das nicht panikartige Reaktionen der Bürger, die auf ein solches Unglück offenbar gar nicht vorbereitet waren, zur Folge haben können, Reaktionen, die die erforderlichen Hilfsmaßnahmen sehr behindert hätten?

Eine solche Überlegung entschuldigt das Verhalten der Sowjetunion nicht, macht aber ein Dilemma deutlich, vor dem nicht nur die Sowjetunion, sondern vor dem jede Regierung steht, in deren Land ein vergleichbares Unglück geschieht, geschehen würde. Die schönsten und feierlichsten internationalen Verträge über eine allgemeine Informationspflicht werden nichts nutzen, wenn die Regierungen aus diesem Dilemma nicht befreit werden.

Das kann nur eine umfassende Information der eigenen Bevölkerung über alle mit der Kernenergie zusammenhängenden Fragen und Risiken leisten. Nur wenn jeder Bürger in dem Lande eines möglichen Unglücksfalles genau weiß, was er im Falle des Falles am zweckmäßigsten zu tun und zu lassen hat, können wir realistischerweise erwarten, daß auch das Ausland rechtzeitig und umfassend informiert wird. Die erforderlichen Verhaltensweisen der Bürger müssen in jedem Falle eingeübt werden. Mit einer Bevölkerung, die sich in der Nähe von Kernkraftwerken im Gefühl einer felsenfesten Sicherheit wiegt, sind derartige Großkrisen nicht zu bewältigen. Wenn wir demgemäß eine umfassende Informationsverpflichtung aller Kernenergiewerke betreibenden Staaten wollen – und wir müssen sie um unserer eigenen Sicherheit willen wollen –, dann müssen wir mit dazu beitragen, die Voraussetzungen einer solchen umfassenden Informationspflicht zu schaffen, auch bei uns!

In der Informationspolitik um die Kernenergie spielen wissenschaftliche Argumente eine zentrale Rolle. Hier bedrückt es mich, daß meine bisherigen Vorstellungen, die Informationen und auch die Diskussionen würden – durch wissenschaftliche Argumente objektiviert, von Wissenschaftlern vorgetragen – zur Klarheit und zur Wahrheit führen, nicht mehr gelten. Heute scheinen wissenschaftliche Argumentationen ein zusätzliches Element polemischer Auseinandersetzung zu sein.

Manche Wissenschaftler – ich sage: von allen Seiten –, die in die Öffentlichkeit gehen, informieren erkennbar vor dem Hintergrund ihrer wissenschaftlichen, ideologischen und politischen Voreingenommenheiten. Ja, ganze Institute setzen sich diesem Verdacht aus.

Umfassende Information des Bürgers bedeutet Teilhabe des Bürgers, Mitverantwortung des Bürgers in den die ganze Menschheit betreffenden Fragen der modernen Technologie. Auch die klügsten und gewissenhaftesten Entscheidungen eines Zentralkomitees oder Politbüros reichen nicht aus, um die mit dem technischen Fortschritt zusammenhängenden Fragen sachgerecht zu lösen. Aber es fragt sich auch, ob und was in unserem parlamentarischen System, das die Verantwortung für die gesetzlichen Grundlagen der Kernenergie und der Kernenergiesicherheit einigen wenigen sachkundigen Abgeordneten überträgt, geändert werden muß.

Ich will sagen: Die Probleme der modernen Technologie transzendieren die vorhandenen politischen Systeme und politischen Mechanismen. Sie fordern neue Verhaltensweisen des einzelnen Bürgers gegenüber dem Staat und des Staates gegenüber jedem einzelnen Bürger. Vor diesem Problem stehen Ost und West gleichermaßen. Es stellt sich heraus: Nur ein Staat, der seinen eigenen Bürgern vertraut, ist für die anderen Staaten vertrauenswürdig. Um mit diesen Problemen fertig zu werden, muß also das Vertrauen in den Staaten und das Vertrauen zwischen den Staaten wachsen – und beides hängt aufs engste miteinander zusammen. Nicht zuletzt die Informationspolitik der Sowjetunion macht auf schreckliche Weise deutlich, wie schlimm es um dieses notwendige Vertrauen steht. Diesen Zustand müssen wir ändern.

Das Unglück von Tschernobyl läßt uns darüber nachdenken, ob eine technologische Unterentwicklung des Ostens überhaupt in unserem Interesse liegt. Bisher wurde argumentiert: Jeder technologische Fortschritt der Sowjetunion bedroht unsere militärische Sicherheit. Läßt sich heute nicht argumentieren: Die technologischen Defizite der Sowjetunion bedrohen unsere zivile Sicherheit? Wir stellen fest, daß wir zwei verschiedenen Sicherheitsrisiken ausgesetzt sind, deren Bedingungen sich diametral widersprechen.

Bevor der Westen über all diese Probleme mit dem Osten substantiell sprechen kann, muß er sich selbst zunächst einmal darüber klar sein, welche Herausforderung Tschernobyl für uns hier im Westen selbst bedeutet. Gerade weil dieses Unglück so fundamentale Fragen stellt, ist es so dringend notwendig, daß der Westen zu gemeinsamen Antworten findet. Europa und Amerika müssen auch hier zusammenfinden und zusammenstehen.

Ich sehe mit zunehmender Sorge, daß es nicht nur manche Meinungsverschiedenheiten mit unseren amerikanischen Freunden gibt – die hat es immer gegeben –, sondern daß es auch Entwicklungen gibt, die die Gefahr unterschiedlicher Grundorientierungen in der Politik auf beiden Seiten des Atlantik in sich bergen. Europäer und Amerikaner – und ich meine hier nicht nur die Regierungen, sondern vor allem die Bevölkerungen – reagieren auf die gleichen Ereignisse zunehmend verschiedenartig. Wo die einen betroffen sind, erscheinen die anderen voller Zustimmung. Wir sollten uns selbstkritisch fragen, ob wir die Freundschaft Amerikas nicht allzu fraglos als selbstverständliche Tatsache hinnehmen, hingenommen haben, ohne auf das Selbstgefühl dieses großen Volkes – und auf die Bedingungen dieses Selbstgefühls – ausreichend Rücksicht zu nehmen.

Auch in der öffentlichen Meinung Amerikas gibt es Tendenzen, die uns aufhorchen lassen sollten. Es gibt in Amerika durchaus so etwas wie Enttäuschung über Europa, die tief in die Bevölkerung hinabreicht. Jetzt stehen wir in der Gefahr, daß in den USA auch in berechtigten europäischen Anliegen Motivationen vermutet werden, die dieser Enttäuschung zugrunde liegen. Das führt wiederum dazu, daß sich die Europäer mißverstanden oder unverstanden fühlen. Hier droht sich eine Spirale in Gang zu setzen, die niemandem nützt, sondern mit Sicherheit allen schadet.

In dieser Situation tun not: Besonnenheit auf beiden Seiten, Besinnung auf die gemeinsamen Grundlagen und Ziele, Verständnis für die unterschiedlichen politischen Bedürfnisse der Partner und entsprechende Rücksichtnahme. So schaffen wir die Voraussetzungen für gemeinsames Nachdenken darüber, welche Schritte auf dem Wege zu einer europäischen Friedensordnung, die nur mit den Vereinigten Staaten von Amerika geschaffen werden kann, geduldig und konsequent zu gehen sind, ohne uns wechselseitig immer wieder vor Situationen zu stellen, die den Partner überraschen und verstören müssen.

Das Unglück von Tschernobyl sollte uns aufrütteln, sollte alle geistigen, wissenschaftlichen, politischen Kräfte in Bewegung setzen, um sie auf das Ziel des Friedens zu lenken. Die Forderungen richten sich an West und Ost. Der gute Wille einer Seite bewirkt nichts.

Die Hoffnungen, die Genf geweckt hatte, sind kleiner geworden. Die Weltmächte und ihre höchsten Repräsentanten müssen sich jetzt einen Ruck geben, miteinander zu reden, um zu konkreten Vereinbarungen zu kommen.

Wenn die Völker der Welt den Eindruck bekommen, daß jedes Gespräch nur dazu dient, dem anderen die Schuld dafür zuzuschieben, daß nichts geschieht, dann wird auch die Bereitschaft zum Gespräch langsam erlöschen – und damit die Hoffnung auf eine friedliche Ordnung der Welt.

Nach dem Unglück von Tschernobyl wurde ein amerikanischer Professor, Spezialist für Knochenmarktransplantationen, gebeten, besonders strahlengeschädigten Sowjetbürgern zu helfen. Er half. Nicht nur die betroffenen Menschen und ihre Familien, auch die sowjetischen Behörden waren ihm dankbar. Er hatte keine Schwierigkeiten, eine Pressekonferenz zu geben, in der er berichten konnte, was er gesehen hatte. Er berichtete sachlich, er berichtete menschlich.

Diese ganze Episode hob sich eigenartig von allen übrigen West-Ost-Kontakten in dieser Zeit ab. Prestige, auftrumpfende Rechthaberei – «wir sind die Besten», Scham über wissenschaftlichen Rückstand, Informationsprobleme, Ideologie, Anklagen, Verurteilungen –, kurz: all diese Gokkelfedern der Macht waren hier nicht zu sehen. Hier, an einem Punkt, leuchtete auf, wonach wir uns alle sehnen: der Friede, aus dem allein die Einheit wachsen kann.

Meine sehr verehrten Damen, meine Herren, vor acht Jahren habe ich in diesem Hause zur deutschen Einheit gesprochen. Ich möchte mit einem Absatz dieser Rede enden, der damals wie heute seine Gültigkeit hat:

Wenn dieser Staat
– die Bundesrepublik–
beharrlich der Freiheit nach innen und außen dient, wenn er seine geistigen, politischen und wirtschaftlichen Mittel einsetzt, nicht um zu herrschen, sondern um zu helfen, wenn er konsequent auf der Seite der Gerechtigkeit gegen die Unge-

rechtigkeit steht, dann wird sich auch die Angst vor einem vereinigten Deutschland verlieren, dann könnte es sein, daß eines Tages unsere Nachbarn ein vereinigtes Deutschland wünschen, weil es auch in ihrem Interesse sein größeres Gewicht auf die Waagschale des Friedens legen könnte.

Rede zum 25. Jahrestag des «Tages der deutschen Einheit» im Plenarsaal des Deutschen Bundestages am 17. Juni 1978

Meine Damen, meine Herren!

Wir «begehen» heute den «Tag der deutschen Einheit». Aber die gibt es nicht. Und nach Menschenermessen wird es sie noch lange nicht geben. Wir können also keinen Tag der deutschen Einheit «feiern». Es gibt heute nichts zu feiern.

Was also tun wir, wenn wir diesen Tag «begehen», wenn die Kinder an diesem Tag schulfrei haben, wenn die Behörden und die Geschäfte schließen? Der Bundesverkehrsminister hat für dieses Wochenende vorsorglich auf große Stauungen auf der Autobahn aufmerksam gemacht. Was hat all das mit dem «Tag der deutschen Einheit» zu tun?

Der 17. Juni gehört zum «sozialen Besitzstand» des arbeitenden Menschen. Er ist ein «freier» Tag, auf den man gesetzlichen Anspruch hat. Große, inhaltsschwere Worte, denen niemand widersprechen kann und will, liegen dem zugrunde. Aber wer denkt noch an diese großen, inhaltsschweren Worte, wenn er, gar bei schönem Wetter, ins Grüne fährt? Und wenn man daran denkt, glaubt man noch daran?

Und was tun wir, wenn wir uns heute hier im Herzraum unserer Demokratie, im Plenarsaal des Deutschen Bundestages, versammeln? Was für einen Anzug zieht man zu dieser Gelegenheit an? Irgendwie scheint es unziemlich, trotz der Jahreszeit, sich hell zu kleiden. Denn der 17. Juni 1953 war ja eine Tragödie für viele Menschen in der DDR und Ost-Berlin. Sind wir also hier zusammengekommen, um der Opfer des Volksaufstandes zu gedenken? Ist dieser Tag also so etwas wie ein anderer Volkstrauertag?

Doch wird nicht auch gesagt: Gerade dieser Aufstand 1953 sei ein Zeichen der Hoffnung, ein Zeugnis des Freiheitswillens unseres Volkes, ein Augenblick unserer Geschichte, auf den wir stolz sein dürfen? Ist dieser Tag ein Tag der Trauer oder ein Tag des Stolzes?

25 Jahre sind seitdem vergangen. Die Hoffnungen haben sich nicht erfüllt. Der Freiheitswille hat nicht gesiegt. Hoffen wir auf einen neuen Volksaufstand in der DDR? Wollen wir, indem wir hier den Tag der deutschen Einheit begehen, unsere Landsleute ermuntern, erneut solch einen Aufstand zu wagen? Keiner könnte das guten Gewissens tun. Warum aber erinnern wir dann uns und sie an diesen Tag vor 25 Jahren? Reißen wir da nicht Wunden auf, die besser geschlossen blieben?

Hier im Bundestag haben sich heute Vertreter des öffentlichen Lebens und viele Mitbürger versammelt, die die innere Verpflichtung spüren, sich zur deutschen Einheit zu bekennen. Aber ist dieses Wort: «sich zur deutschen Einheit zu bekennen» für viele unserer Bürger nicht schon zu einer Leerformel geworden? Bekenntnisse und Reden zur deutschen Einheit gibt es übergenug. Die Dokumentationen zur Deutschlandpolitik sind inzwischen so umfangreich geworden, daß jedem Nicht-Fachmann der Mut entsinkt, sich mit dieser Fülle von Papier zu beschäftigen. Und sind Bekenntnisse überhaupt nötig? Fast jeder Deutsche, sei er Bürger der DDR oder der Bundesrepublik Deutschland, den man fragt, ob er die Einheit Deutschlands wolle, wird antworten: «Ja, natürlich, selbstverständlich – aber wer weiß, wie man sie zuwege bringen kann?»

Man könnte sagen: Wir müssen unseren Landsleuten in der DDR zeigen, daß wir sie nicht «abgeschrieben» haben, wie man so sagt. Ist diese Veranstaltung also eine Fernsehsendung für die Bewohner der DDR? Und wieder die Frage: Ist eine solche Fernsehsendung nötig? Zeigen die Millionen unserer Mitbürger, die in die DDR reisen, unsere Verbundenheit nicht viel deutlicher, als wir es hier in Bonn vermöchten?

Wollen wir uns mit einer solchen Gedächtnisstunde über die Vergeblichkeit unserer Bemühungen um die deutsche Einheit hinwegtrösten, indem wir sie wieder einmal beschwören? Aber wie häufig, wie lange kann man Beschwörungsformeln wiederholen, ohne daß sie leer werden?

Oder stellt dieser Tag für manchen nicht gar ein Alibi dafür dar, daß er im übrigen nicht so besonders viel an Deutschland denkt? Soll er das schlechte Gewissen beruhigen darüber, daß uns zum Beispiel unser wirtschaftliches Wohlergehen näher am Herzen liegt als die Einheit unseres Landes?

Und erinnert uns dieser Tag nicht daran, wie wenig wir selber getan haben, um die Freiheit zu erlangen? Daß wir selbst nicht in der Lage waren, uns aus eigener Kraft von der Gewaltherrschaft zu befreien? Daß es der Kräfte fast der ganzen Welt bedurfte, um einem Teil der Deutschen die Freiheit zu bringen? Daß es nicht unser «Verdienst» ist, wenn wir heute das Glück haben, in einem freien Lande zu leben? Und daß es nicht die «Schuld» unserer Landsleute ist, wenn sie immer noch in Unfreiheit leben? Sie haben immerhin um die Freiheit gekämpft. Sie sind unterlegen. Wir haben Glück gehabt; wir brauchten nicht zu kämpfen.

Und führt uns so dieser Tag nicht auch vor Augen, daß die Teilung Deutschlands ein Ergebnis unserer Geschichte ist, einer Geschichte voll von Irrtümern, Herrschaftswahn, Ideologie, Gewalt?

Fragen über Fragen. Ich möchte mit diesen Fragen nicht den 17. Juni in Frage stellen. Ich möchte mit ihnen darauf hinweisen, daß der 17. Juni uns viele Fragen stellt.

Ein Tag des Gedenkens, der Trauer, der Besinnung, der Scham, der Hoffnung, der Verpflichtung auf ein großes Ziel – ein beunruhigender Tag, ein deutscher Tag, ein Tag, der es nicht zuläßt, daß wir uns in Selbstgerechtigkeit üben.

Ein Tag des Gedenkens und der Besinnung. Wir müssen uns immer wieder vor Augen führen, daß für die Menschen in der DDR die Unfreiheit nicht 1949 begann und nicht 1945 – sie begann im Jahre 1933. Ein Mensch, der 1933 in Leipzig geboren wurde und dort bis heute lebt, hat noch keinen Tag der Freiheit gesehen. Und heute ist er 45 Jahre alt. Gewaltherrschaft, Krieg, Judenmord, die Zerstörung unseres Landes, die Teilung – all das ist eine Folge von 1933. Wenn wir des 17. Juni 1953 gedenken, kommen wir nicht daran vorbei, auch an das Jahr 1933 zu denken. Und wir kommen nicht daran vorbei, das Jahr 1933 und seine Folgen im Gesamtzusammenhang unserer Geschichte zu bedenken. Warum haben große Teile unseres Volkes damals nicht die große Chance der Demokratie erkannt und ergriffen, sondern sie an Adolf Hitler weggeworfen?

Der Begriff der historischen «Ursache» ist sehr fragwürdig. Alles kann in der Geschichte die Ursache für alles sein. Die Weltwirtschaftskrise wird bei uns als eine Ursache der Machtergreifung Hitlers gesehen – in Amerika führte sie im New Deal zu einer gewaltigen Steigerung der Leistungskräfte eines freien Volkes. Es sind wohl weniger die Umstände selbst, als die Geistesverfassung der Völker, auf die die Umstände treffen, die die Geschichte in eine bestimmte Richtung bewegen.

Der 17. Juni scheint mir ein Anlaß zu sein, darüber nachzudenken, wie wir Deutsche uns im Laufe unserer Geschichte zum Staat, zur Politik gestellt haben.

Ich glaube, unser Verhältnis zum Staat ist aufs tiefste von der Idee des «Reichs» geprägt, ein Wort, das in allen gesamtdeutschen Staatsnamen bis 1945 erscheint: im mittelalterlichen Reich bis 1806, im Deutschen Reich Bismarcks, im «Deutschen Reich» der Weimarer Republik, im «Deutschen Reich» – später «Großdeutschen Reich» Hitlers. Der Name «Deutschland» taucht als Bezeichnung eines deutschen Staates zum ersten Male im Namen der «Bundesrepublik Deutschland» auf.

Das «Reich» aber war ursprünglich eine Weltordnungsidee, die das augusteische Imperium Romanum mit der augustinischen «Civitas Dei» verbinden wollte, ein gewaltiger Gedanke, gewiß, aber wohl zu groß für diese Welt. Und doch hat unser Volk jahrhundertelang seine besten Kräfte für diese Idee hingegeben und sich dabei zu höchsten militärischen, politischen, menschlichen, kulturellen Leistungen erhoben, die bis heute, ob im Bewußtsein oder im Unterbewußtsein, die Phantasie des Volkes beschäftigen.

Ich habe vorgestern die Nürnberger Ausstellung über Kaiser Karl IV. besucht. Man kann dort viel über die Lebenskraft der föderalistischen Tradition erfahren, die uns aus dem alten Reich überkommen ist, und über die Anpassungsfähigkeit einer geschriebenen Reichsverfassung, die fast ein halbes Jahrtausend Bestand hatte. Das Reich wurde als ein «Überstaat» begriffen, «der in einer» – wie Prof. Ferdinand Seibt es mir beschrieben hat – «höheren Sphäre religiösen, also wahrhaft sanktionierten Gemeinschaftsverständnisses wirkte». Aber daher rührt auch jene idealistische Staatsvorstellung, die uns Deutschen die Orientierung in der politischen Wirklichkeit oft so schwer gemacht hat.

Daß unsere Herrscher «Kaiser» waren und nicht Könige wie anderswo – und vor den Königen herausgehoben durch einen besonderen Auftrag –, schon allein das hat einen tiefen Einfluß auf unser politisches Bewußtsein gehabt. Der erste, der die nüchternen Fakten der irdischen Politik – ohne moralische Wertung – beschrieb, Machiavelli, ist nirgendwo so bekämpft worden wie in Deutschland. Selbst Friedrich der Große, der, nüchtern die Interessen seines Preußen berechnend, sich in drei Kriegen gegen den Kaiser empörte, fühlte sich bemüßigt, einen «Antimachiavelli» zu schreiben.

Die Harmonie der Welt, das war es, was unser Volk wollte, worin es den Sinn aller Politik sah. Was dieser Harmonie förderlich war, war gut – was sie störte, war schlecht. Daher rührt der stark konservative Grundzug unserer Geschichte. Alle Vergangenheit erscheint vom Goldglanz einer entschwundenen Harmonie überglänzt.

Mittelalterliche ständische Strukturen hielten sich bei uns länger als anderswo. Sie waren Ausdruck einer «gottgewollten» Ordnung. Wer diese Strukturen ändern wollte, verging sich gegen die Ordnung und wurde mit Abneigung betrachtet. Hier liegt der tiefere Grund dafür, daß wir nie eine Revolution zuwege brachten, sondern daß sie alle alsbald erstickt werden konnten. Mit einer Ausnahme: der Reformation. Aber dabei ging es eben hauptsächlich um himmlische und weniger um irdische Dinge, wenn auch ihre Auswirkungen auf die innerweltlichen Verhältnisse außergewöhnlich waren.

Aus unserem Streben nach Harmonie erklärt sich die Abneigung, die unser Volk im Laufe der Zeit gegen Konflikte, gegen Kritik, gegen den Streit der Meinungen entwickelte. Unser Streben nach Harmonie hinderte uns daran, mit freiem Meinungsstreit zu leben. Wir bezogen ihn nicht in unser Leben ein – wir sperrten ihn aus unserem Leben aus. Einem Philosophen, der, wie Hegel, den bestehenden Staat als das Endziel aller Geschichte hinstellte, wurde leidenschaftlich geglaubt.

Wilhelm II. war von seinem Gottesgnadentum tief überzeugt – und große Teile des Volkes mit ihm. Wir folgten denen, die die Ordnung unserer Welt garantierten. Ein guter Politiker war uns der, der uns davor bewahrte, uns mit gesellschaftlichen Konflikten auseinanderzusetzen, nicht der, der sie im Wege eines vernünftigen Kompromisses ausglich. Als «großer» Politiker galt uns der, der «in einem höheren Auftrag» eine Weltordnung repräsentierte. Im Grunde erwarteten wir von den Regierungen, daß sie dem Weltgeist gehorsam waren. Und da war es nicht nötig, daß sie sich vor einem Parlament verantworteten. Bismarck konnte seine Verfassung von 1871, nach der der Reichskanzler nur dem Kaiser und nicht dem Parlament verantwortlich war, nur durchsetzen, weil es der Überzeugung weiter Teile des Volkes entsprach, daß der Kaiser über dem Parlament stehen müsse.

Und in Tagen der Gefahr hieß es: «Ich kenne keine Parteien mehr – ich kenne nur noch Deutsche.» Und später: «Ein Volk, ein Reich, ein Führer.» In dieser Reihenfolge. Die drei Begriffe wurden in eins gesetzt. Und es war der spätromantische, der wilhelminische und nationalsozialistische Reichsbegriff, der diese Gleichsetzung ermöglichte. Natürlich hoffte das Volk, daß der «Führer» tatsächlich von der «Vorsehung» ausersehen war, daß er gut war, daß er eine humane Ordnung herstellen würde. Hitler wurde nicht gewählt, weil er ein Verbrecher war und weil die Deutschen eine verbrecherische Diktatur wollten. Er wurde gewählt, weil ihnen die Auseinandersetzungen im Parlament fremd waren. Immer wieder hat Hitler in seinen Wahlreden die Parteien und die Parlamente lächerlich gemacht und verkündet, er werde dafür sorgen, daß der innere Streit aufhöre, daß jeder Volksgenosse von dem gleichen «vaterländischen» Geist durchdrungen werde. Und er fand Beifall. Hitler gewann die Macht nicht zuletzt deswegen, weil er die Träume, die Sehnsüchte, die Sympathien und Abneigungen des Volkes kannte und sie virtuos und gewissenlos seinen Zwecken nutzbar machte. Aber er hat diese Träume, diese Sehnsüchte, diese Sympathien und Abneigungen nicht erfunden. Sie waren da: Und so konnte er sie als Wasser auf seine Mühle leiten.

Politik war für uns mehr eine Sache des Glaubens als der Vernunft. Und so waren wir anfällig für Ideologien und Personen, die uns das Heil versprachen. Daß die Kommunisten in Deutschland so besonders dogmatisch sind, kommt ja auch nicht von ungefähr.

Und ist unsere Politik denn heute ganz frei von der dogmatischen Intoleranz von Glaubenseiferern, die dem Andersdenkenden den Freiheitswillen und letztlich das demokratische Lebensrecht absprechen? Hängt damit nicht auch zusammen, was man die Polarisierung unseres politischen Lebens nennt? Wir glauben daran, daß die Kritik ein Lebenselixier der Demokratie sei. Wann aber hat man schon jemals in den Nachrichten gehört, die Partei X habe die Kritik der Partei Y ernst genommen und denke darüber nach. Wenn Kritik bei uns geübt wird, wird sie nicht in jedem Fall sofort «zurückgewiesen»?

Sehen wir nicht Teile unserer Jugend, der akademischen zumal, irgendwelchen Heilslehren hinterherlaufen, die eine vollkommene Gesellschaft, frei von Konflikten und Problemen, versprechen? Das Streben nach einer konfliktfreien Harmonie sollte nicht verwechselt werden mit dem notwendigen Grundkonsens aller Demokraten. Denn dieser hat ja gerade zum Inhalt, daß jeder auf Grund seiner Menschenwürde das Recht auf eine eigene Meinung hat und daß jede ernsthafte Meinung das gleiche Recht auf allgemeinen Respekt hat, während jede harmonistische Heilslehre behaupten muß, daß allein sie die Wahrheit verwalte, daß jede andere Meinung notwendig falsch sein müsse. Führt der Grundkonsens der Demokraten zur Auseinandersetzung und zur Klärung der umstrittenen Fragen im Meinungsstreit, so führen alle politischen Heilslehren zu dem Bestreben, den politischen Gegner «auszuschalten», und damit letztlich zu Feindschaft und Haß in der Gesellschaft.

Warum spreche ich heute darüber? Das Ziel der Einheit Deutschlands wird häufig mit dem Wort «Wiedervereinigung» bezeichnet. Diesem Wort wird zuweilen ein restaurativer Sinn unterlegt, den ich für sehr problematisch halte. Wir wollen ja nicht wieder zurück in einen Zustand politischen Fühlens, Denkens und Handelns, der unser Volk im demokratischen Europa isolierte. Vor dem dieses Europa Furcht empfand, da es sich von ihm stets irrationaler Entscheidungen versehen mußte. Wir wollen ja nicht wieder zurück zu Regierungsformen, zu Staatsverständnissen, wie sie im römisch-deutschen, im wilhelminischen oder gar im sogenannten «Dritten Reich» geherrscht haben.

Es gibt Menschen in unserem Land, die das wünschen, die von einer «Wiedervereinigung» erhoffen, mit ihr werde die «gute, alte Zeit» wiederkehren, womöglich gar ein «Viertes Reich».

Diese Menschen haben aus unserer Geschichte immer noch nichts gelernt. Ich habe einmal gesagt: Erst wenn wir aus unserer Geschichte die Folgerung der Demokratie ziehen, dann haben wir sie richtig verstanden. Und das heißt: Wir müssen Abschied nehmen, endgültig Abschied nehmen, von Denk-, Gefühls- und Verhaltensweisen, wie sie unser Volk dem wilheminischen und nazistischen «Reich» entgegengebracht hat.

Wir müssen erkennen, daß Politik nicht mit einem Glaubenskrieg verwechselt werden darf, sondern daß es in ihr um die Lösung höchst irdischer Probleme geht. Wir müssen erkennen, daß eine Gesellschaft, die von sich behauptet, keine Konflikte zu haben, immer eine unfreie Gesellschaft ist. Man gehe auf der ganzen Welt herum und frage die Länder, ob es Konflikte in ihnen gebe. Antworten sie: nein – dann erübrigt sich die Frage nach der Freiheit. Nur dort, wo Konflikt, Kritik und Meinungsfreiheit zu Hause sind, akzeptierter Teil des gesellschaftlichen und politischen Lebens sind, da ist Freiheit. Denn Konflikte gibt es in jeder Gesellschaft. Wo es sie angeblich nicht gibt, da werden sie mit Gewalt unterdrückt – was nichts anderes heißt, als daß Menschen mit Gewalt unterdrückt werden.

In diesen Tagen wird häufig ein «Geschichtsbewußtsein» gefordert. Ich habe es selbst mehrfach getan. Aber es geht nicht an, irgendein Geschichtsbewußtsein zu fordern. Auch die Millionen, die in den Ersten und in den Zweiten Weltkrieg zogen, hatten ein Geschichtsbewußtsein. Man hatte dafür gesorgt, daß sie es hatten.

Eine Wiederbelebung des Geschichtsbewußtseins in der falschen Richtung könnte katastrophale Folgen für unser Land haben. Sicher ist es schön, wenn Hunderttausende die Staufer-Ausstellung besuchen und dort vergangener Wirklichkeit begegnen. Aber es wäre schlimm, wenn aus solchen Erlebnissen vergessene Reichsträume zu neuem, gespenstischen Leben erwachten.

In der Präambel unseres Grundgesetzes steht der schöne,

verpflichtende Satz: «Das gesamte Deutsche Volk bleibt aufgefordert, in freier Selbstbestimmung die Einheit und Freiheit Deutschlands zu vollenden.» In diesem Satz ist jedes Wort mit Bedacht und mit tiefem Wissen um den geschichtlichen Ort unseres Volkes gewählt.

Es heißt nicht, «die Einheit Deutschlands wiederherzustellen», es heißt nicht, «die Einheit Deutschlands herbeizuführen» – es heißt: «die Einheit Deutschlands zu vollenden».

Also ist schon ein Anfang mit der Einheit Deutschlands gemacht. Wo ist dieser Anfang zu finden? Hier bei uns, hier in diesem freiheitlichen, demokratischen, sozialen Rechtsstaat. Das ist ein sehr kühner und ein sehr richtiger Gedanke.

Der Gedanke der Einheit Deutschlands hat sich mit dem Gedanken der Freiheit verbunden. Nicht mehr mit den Gedanken der Macht, der Herrschaft, des eingebildeten Rechts, über andere Völker zu herrschen. Und so waren unsere Verfassungsväter auch «von dem Willen beseelt, die nationale und staatliche Einheit zu wahren». Sie wußten, daß der Eckstein der Einheit die Freiheit ist, zu der sie für unseren Staat mit dem Grundgesetz die sichere Grundlage legten.

Die Einheit Deutschlands ist kein politisches Ziel, das man wie andere politische Ziele, etwa einen geordneten Bundeshaushalt oder die Sanierung des Gesundheitswesens, betreiben könnte. Unser Streben nach Einheit ist ein Streben nach Freiheit für das ganze deutsche Volk.

Es wird häufig gesagt: Die Einheit sei ein unmögliches Ziel; unsere Nachbarn in Ost und West würden sie nicht zulassen. Ein vereinigtes Deutschland sei für sie mit zu vielen Risiken verbunden. Selbst wenn dem heute noch so wäre: Können wir nicht unsere Nachbarn überzeugen, daß von einem freien Deutschland keine Gefahren und Risiken, auf welchem Gebiet auch immer, für sie ausgehen werden?

Haben wir Geduld. In der Bundesrepublik Deutschland lebt der größte Teil des deutschen Volkes. Wenn dieser Staat beharrlich der Freiheit nach innen und außen dient, wenn er seine geistigen, politischen und wirtschaftlichen Mittel einsetzt, nicht um zu herrschen, sondern um zu helfen; wenn er konsequent auf der Seite der Gerechtigkeit gegen die Ungerechtigkeit steht – dann wird sich auch die Angst vor einem vereinigten Deutschland verlieren, dann könnte es sein, daß eines Tages unsere Nachbarn ein vereinigtes Deutschland wünschen, weil es, auch in ihrem Interesse, sein größeres Gewicht auf die Waagschale des Friedens legen könnte.

Unser Streben nach Einheit ist keine verstaubte, nach rückwärts gewandte Reichsromantik – die Einheit ist ein in die Zukunft gerichtetes europäisches Friedensziel. Wir trachten nach der Einheit, um «als gleichberechtigtes Glied in einem vereinten Europa dem Frieden der Welt zu dienen».

In diesen Worten des Grundgesetzes wird deutlich, daß der eifersüchtig über seine Souveränitätsrechte wachende Nationalstaat alter Prägung nicht das Ziel unseres Einheitsstrebens ist. In welcher Form dieses in der Freiheit einige Deutschland dem Frieden dienen wird, darüber heute zu streiten, scheint mir müßig.

Die Einheit Deutschlands wird das Ergebnis eines langen historischen Prozesses sein. Wenn sie realisierbar wird, wird uns die Geschichte auch die Formen anbieten, die dann an der Zeit sind.

Das Beste, was wir bis dahin tun können, ist, dem Frieden zu dienen. Wir wollen den Frieden, weil wir die Einheit Deutschlands wollen! Wir wollen den Frieden, weil er der einzig gangbare Weg zur deutschen Einheit ist.

Natürlich versuchen unsere östlichen Nachbarn gegenwärtig, unser Streben nach Einheit und unsere Bemühungen um Entspannung als widersprüchliche Politik hinzustellen. Wird dieses als friedensfördernde Politik anerkannt, so wird jenes als Revanchismus, als Revisionismus und wie die Worte bis hin zum Imperialismus alle heißen, gebrandmarkt. Wir müssen sie geduldig davon zu überzeugen versuchen, daß unser Streben nach Einheit und unser Bemühen um Entspannung auf lange Sicht eine und dieselbe Sache ist.

Es liegt doch klar auf der Hand, daß die Einheit Deutschlands gegen den Willen der Sowjetunion nicht zu erreichen sein wird. Folglich muß es unser Ziel sein, die Lage in Europa so zu stabilisieren, daß die Sowjetunion die Einheit Deutschlands wollen kann.

Das scheint manchem heute absurd. Aber die Zeiten ändern sich schnell. Hätte man am 17. Juni 1953 für möglich gehalten, daß der Generalsekretär der KPdSU im Jahre 1978 zum zweiten Male unserem Lande einen Staatsbesuch abstatten würde? Jedermann hätte einen für verrückt erklärt. Es gibt niemanden, der auch nur irgend etwas darüber weiß, was in 25 Jahren in Europa möglich sein wird.

Der friedliche Wunsch eines großen Volkes, in Einheit und Freiheit zusammenzuleben, ist eine große geschichtsbildende Macht.

Denken wir an unser Nachbarland Polen, das vielfach von seinen mächtigeren Nachbarn – ein besonders dunkles Kapitel auch unserer Geschichte – geteilt wurde, ja zeitweilig völlig von der Landkarte verschwunden war. Immer wieder wurde der polnische Staat aus dem Willen der polnischen Nation geboren und wurde er von den mächtigen Nachbarn, die es vorher geteilt hatten, anerkannt und fand er ein nachbarliches Verhältnis zu ihnen.

Warum sollte der Wunsch des deutschen Volkes nach Einheit von der Geschichte unbeachtet bleiben? Dieser Wunsch nach Einheit entspringt der einfachen Tatsache, daß sich die Mehrheit der Deutschen in Ost und West als Einheit fühlt und als Einheit ihre Zukunft gestalten will. Das ist ein Ergebnis unserer Geschichte. Das lange Zusammenleben in politischen Ordnungen, die man vielleicht heute kritisch betrachten mag, hat doch dazu geführt, daß wir ein tiefes Gefühl der Zusammengehörigkeit entwickelt haben. Dazu hat vieles beigetragen: gemeinsame Leistungen und Erfolge, aber auch gemeinsame Leiden und gemeinsame Schuld.

Die Menschen in der Bundesrepublik Deutschland und in der DDR empfinden sich als deutsche Nation. Aber die Nation ist ein vieldeutiger Begriff, der in jedem europäischen Lande etwas anderes bedeutet. Und dann gibt es auch da wieder Unterscheidungen zwischen Staatsnation, Kulturnation etc., die weitere Verwirrung stiften. Unendlich viele gelehrte Arbeiten sind darüber verfaßt worden, mit welchem Nationalbegriff wir unser Streben nach Einheit begründen könnten, beziehungsweise wie vorhandene Nationbegriffe so zu modifizieren seien, daß sie auf uns passen. Ich glaube, es genügt vollauf, wenn wir uns auf unsere Zusammengehörigkeit als deutsches Volk berufen und auf unserem Selbstbestimmungsrecht bestehen.

Was das «gesamte deutsche Volk» ist, von dem das Grundgesetz spricht, dafür gibt es in unserem Lande ein aller Welt sichtbares Zeichen: die Grenze zwischen der Bundesrepublik Deutschland und der DDR. Eine Nation, die nur durch Mauer und Stacheldraht getrennt gehalten werden kann, muß schon ein starkes Gefühl der Zusammengehörigkeit haben.

Es gibt sicher keinen Zweifel daran, daß gerade die Menschen in der DDR an der deutschen Einheit festhalten wollen.

Doch wie steht es damit in unserer Jugend? Was wissen sie von Deutschland, seiner Teilung, den Grundgedanken seiner Einheit? Was haben wir, die Älteren, sie gelehrt? Manche Untersuchungen darüber, die hoffentlich nicht repräsentativ sind, haben erschreckende Ergebnisse gebracht: eine weitgehende Unkenntnis.

Was geschieht da eigentlich auf unseren Schulen, unseren Universitäten?

Wir haben eine Verfassung, die das gesamte deutsche Volk auffordert, die Einheit Deutschlands zu vollenden – und viele unserer Schüler wissen kaum etwas über Deutschland. Traut man sich auf unseren Schulen nicht mehr, von der Einheit Deutschlands vor seinen Schülern zu sprechen?

Wenn dem so ist – und die genannten Untersuchungen deuten darauf hin –, dann ist es an der Zeit, nach den Gründen dieser merkwürdigen Zurückhaltung zu forschen.

Es ist wahr, die Worte Nation, Volk und Vaterland sind fürchterlich mißbraucht worden. Aber darf das ein Grund sein, aus unserer Jugend die Trauer über die Teilung Deutschlands hinauszukritisieren oder die Jugend in Unkenntnis über das zentrale Problem ihres Volkes zu lassen? Will man den Begriff Deutschland denn wirklich den Rechtsextremisten überlassen? Mit allen sich daraus ergebenden möglichen katastrophalen Folgen? Und wenn dann der Begriff Deutschland wieder jene widerlich braune Färbung erhält, vor der sich unsere Nachbarn zu Recht fürchten, dann wird es wieder keiner gewesen sein.

Man kann von Deutschland in einem friedlichen, freiheitlichen Sinn reden. Man braucht dabei nicht in Hitlers Haßgeschrei oder in Kaiser Wilhelms Hurra-Patriotismus zu verfallen. Und wer es noch nicht kann, der sollte es bald lernen.

Die Lehrer dieses Landes haben sich an die Verfassung zu

halten, und die Länderregierungen haben die Pflicht, die Voraussetzungen dafür zu schaffen, daß sich die Lehrer an die Verfassung halten können. Es darf nicht geschehen, daß die deutsche Einheit durch unsere eigene Nachlässigkeit und Gedankenlosigkeit verspielt wird.

Wir müssen uns aus unseren Verkrampfungen gegenüber Deutschland lösen. Wir müssen die Einheit Deutschlands zunächst in uns herstellen. In dem Maße, in dem uns das gelingt, werden wir auch freier werden, freier im Verhältnis zu unserer Vergangenheit, zu unserem Staat, zu unseren Nachbarn, zu uns selbst.

Wir werden erst dann die Fesseln der Vergangenheit ganz abgestreift haben, wenn wir nicht mehr zu betonen brauchen, daß unser Streben nach der Einheit Deutschlands nichts anderes ist als unser Streben nach Frieden, Recht und Freiheit.

Anhang

Bertolt Brecht: Die Lösung

Nach dem Aufstand des 17. Juni
Ließ der Sekretär des Schriftstellerverbands
In der Stalinallee Flugblätter verteilen,
Auf denen zu lesen war, daß das Volk
Das Vertrauen der Regierung verscherzt habe
Und es nur durch verdoppelte Arbeit
Zurückerobern könne. Wäre es da
Nicht doch einfacher, die Regierung
Löste das Volk auf und
Wählte ein anderes?

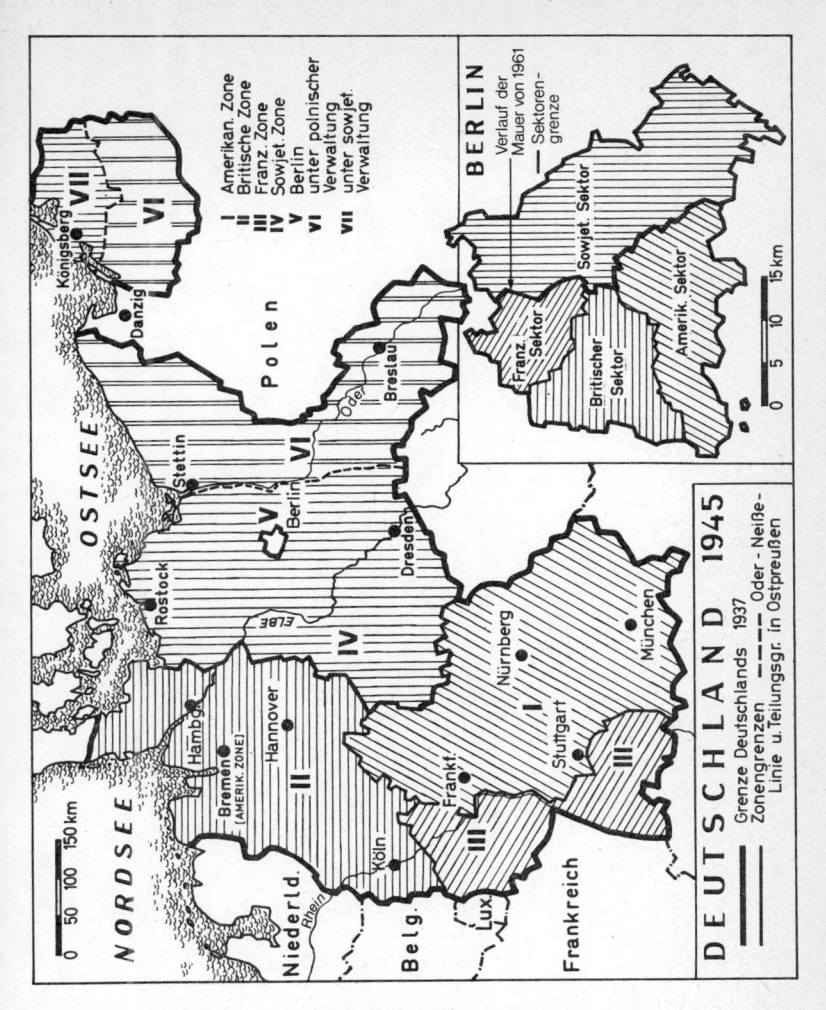

Die Aufteilung Deutschlands in Besatzungszonen sowie Berlins in Sektoren.

Der Arbeiteraufstand
des 17. Juni 1953

Die Wurzeln zur Erhebung des Juni 1953 reichen weit zurück. Die KPD erhielt nach 1945 in Ostdeutschland ihren geringen Machtspielraum durch die Panzerverbände der Sowjets, von oben also, nicht von unten durch einen siegreichen Arbeiteraufstand. Die eigentlichen Herrscher blieben die Sowjets. Alle abschreckenden Merkmale der alten, der autoritären Arbeiterbewegung konnten sich nun zum staatlichen Regime verdichten. Auch die neue Form des Kapitalismus, der Staatskapitalismus, baute auf eine klare Trennung von Kopfarbeit und Handarbeit, von übergeordneter geistig-politischer Leitung und untergeordneter Ausführung. Bald nahm auch unter den Arbeitern die Differenzierung zu. Die Hierarchie wuchs rasch.

Befehl und absoluter Gehorsam drückten dem Neuanfang den Stempel auf. Was an Widerstand aufgrund der Arbeitertradition und vor allem des unleugbaren materiellen Druckes hie und da aufflackerte, geriet in den Bereich des Kriminellen. Die politische Opposition wurde in kurzer Zeit ausgeschaltet: nicht nur die bürgerliche, sondern auch die Arbeiteropposition, gleichgültig ob sozialdemokratisch, sozialistisch oder kommunistisch. Dabei landeten alte Anhänger der KPO (Kommunistische Partei Opposition) und selbst Mitglieder der KPD erneut in den Zuchthäusern und Lagern, aus denen sie erst vor wenigen Jahren durch alliierte, auch sowjetische Truppen befreit worden waren. [...]

1951 führte die SED nach sowjetischem Vorbild für jeden Betrieb Kollektivverträge ein, eine neue Art von Tarifverträgen. Die Belegschaften sollten zustimmen, vorbestimmte Produktionsmengen unter ungünstigen Lohn- und Arbeitsbedingungen zu erfüllen. Die Arbeiter ergriffen die Chance, die Zustimmung zu verweigern. So bildete sich erstmals ein größerer Arbeiterwiderstand gegen das staatskapitalistische Regime. Bei den Gewerkschaftswahlen im Herbst 1952 mußten eine Menge parteiloser Gewerkschafter als Kandidaten akzeptiert werden, bis zu 70 Prozent.

Erstmals brach am 16. August 1951 in Saalfeld (Thüringen) die neue Arbeiterbewegung auf. Dort förderten 2000 Bergarbeiter Uranerz. Eines

Abends kam es in einem Café zu einem Streit zwischen Volkspolizisten und Arbeitern. Die Arbeiter landeten verhaftet im Polizeipräsidium. Die soeben einfahrende Nachtschicht der Bergarbeiter eilte zum Polizeipräsidium, verlangte die Freilassung, stürmte das Gebäude und befreite die Kumpels. Bis eine ausreichende Menge von Volkspolizisten eintraf, beherrschten die Bergarbeiter ganz Saalfeld. Funktionäre der SED verbreiteten schon damals die dann auch nach dem 17. Juni beliebte Verschwörungstheorie, alles sei nur von westlichen Agenten angezettelt worden. Bald darauf wurde eine große Anzahl Bergarbeiter verhaftet.[...]

Im Juli 1952 proklamierte die 2. Parteikonferenz der SED den «beschleunigten Aufbau des Sozialismus». Die Schwerindustrie sollte besonders durch Investitionen gefördert werden. Im November desselben Jahres kündigte Walter Ulbricht Sparsamkeit, Produktivitätssteigerung und Erhöhung der Normen an. Unter Norm verstand man in der DDR die geforderte Arbeitsleistung, vergleichbar der Akkordleistung im Westen.

Dem Druck zur Normerhöhung widerstanden am hartnäckigsten die Arbeiter in der Bauindustrie und in der eisenschaffenden Großindustrie. Die bildeten dann am 17. Juni 1953 das Rückgrat der Erhebung. Die Bauarbeiter hatten schon vorher am schärfsten die Kollektivverträge bekämpft. Ihre Arbeitsbedingungen ließen ihnen keine andere Wahl. Im Winter wurden sie entlassen, blieben ohne Verdienst. Es gab noch kein Schlechtwettergeld. Im Sommer mußten sie ihr Geld für das ganze Jahr zusammenbringen, bei jedem Wetter. Das spielte am 17. Juni 1953 eine Rolle, als es aus Kübeln schüttete.

Ihre besondere Lage führte zu einem traditionell starken Solidaritätsgefühl der Bauarbeiter, die nach Gruppenakkord zu arbeiten gewohnt waren. Jede Lohnsenkung stieß leicht auf den Widerstand der ganzen Baustelle. Am 26. Januar 1952 sah sich die Zeitung «Das Neue Deutschland», das Zentralorgan der SED, genötigt, einen begrenzten Zusammenstoß in der Stalinallee (Ostberlin) zuzugeben. [...]

Die Streitigkeiten in der Bauindustrie schwelten weiter. Die Bauarbeiter konnten sich mit Erfolg weiteren Normerhöhungen widersetzen, da sie zur Zeit unentbehrlich waren. Die Stalinallee, einst Frankfurter Allee, heute Karl-Marx-Allee genannt, sollte sich zur Prachtstraße des neuen Staatskapitalismus mausern. Hier wurde jede Arbeitskraft benötigt. In der ganzen DDR fehlten damals rund 40 000 Bauarbeiter.

Der Kampf der Arbeiterbewegung erhielt im Frühjahr 1953 neuen Auftrieb. Am 5. März starb Stalin. Sein Tod verwirrte viele autoritätsgebundene Kommunisten. Die Nachfolger im Kreml, unter sich noch in Erbstreitigkeiten verwickelt, versuchten, sich gegenüber dem westlichen Druck Luft zu verschaffen. Sie strebten Verhandlungen mit den Alliierten an, um eventuell für eine Einigung Deutschlands dessen Herauslösung aus dem westlichen Bündnis zu erreichen.

Damit zusammenhängend empfahl die sowjetische Führung am 15. April der SED, einen neuen Kurs einzuschlagen, den alten, harten zu mildern. Ulbricht opponierte, eines der wenigen Male. Am nächsten Tag ließ er im «Neuen Deutschland» eine Rede abdrucken, die die alte Linie bestärkte. [...]

Im Widerspruch zur sowjetischen Politik verschärfte die SED die Kampagne für die Normerhöhung. Im April erhöhten die Großbaustellen auf der Stalinallee die Normen, angeblich freiwillig. Das Zentralkomitee der SED beschloß am 14. Mai, bis zum 1. Juli 1953 seien die Arbeitsnormen um mindestens zehn Prozent heraufzusetzen. Das Ganze wurde als Geschenk zu Ulbrichts 60. Geburtstag am 30. Juni 1953 präsentiert.

Seit Herbst 1952 machte sich dagegen eine Versorgungskrise bemerkbar. Aus diesem Grund kam es im Frühjahr 1953 zu Streiks für eine bessere Versorgung. Im Mai folgten Streikbewegungen gegen die Einführung höherer Normen, so in Magdeburg und Chemnitz.

Inzwischen verbreitete sich im Ostblock der «Neue Kurs». Er beabsichtigte, die Verbrauchsgüterindustrie schneller auszubauen als die Schwerindustrie, mit dem Ziel einer spürbaren Hebung des Lebensstandards. Die Sowjets lösten die Sowjetische Kontrollkommission in der DDR auf und machten deren bisherigen politischen Berater Wladimir Semjonow zum Chef der neugebildeten Hohen Kommission.

Am 5. Juni kehrte Wladimir Semjonow aus Moskau zurück und brachte schriftliche Weisungen mit, die das Politbüro der SED in seinen Beschluß vom 9. Juni übernahm. Der Schwerpunkt sollte nun auf den Konsumgütern liegen. Der Mittelstand wie alle Privatunternehmer sollten geschont, geschlossene Privatgeschäfte wieder aufgemacht, enteignetes Land zurückgegeben, geflüchtete Bauern «unterstützt» werden.

Die Liberalisierung umfaßte auch die Rückrufung und Entschädigung von Flüchtlingen, die großzügige Erteilung von Aufenthaltsgenehmigungen und Interzonenpässen, die Ausreiseerlaubnis für Wissenschaftler und Künstler zu Tagungen in der Bundesrepublik. Relegierte Studenten seien wieder zum Studium zuzulassen, Untersuchungshäftlinge zu entlassen, die schon Verurteilten zu amnestieren. Die Preiserhöhungen wurden widerrufen.

Damit geriet das ganze stalinistische Modell des Staatskapitalismus ins Wanken, ohne daß sich am Horizont ein Weg zu einem wirklichen Sozialismus auftat. Gleichzeitig blieb die SED, die nur in einem Lippenbekenntnis Fehler zugab, bei der geforderten Normerhöhung. Die Arbeiter sahen die Zugeständnisse an das traditionelle Kapital und den Mittelstand. Sie dagegen sollten jetzt empfindliche Abstriche am eh schon unbefriedigenden Lebensstandard hinnehmen. Insofern wandte sich die neue Arbeiterbewegung gegen das sich anbahnende Bündnis von Staatskapitalismus und Bürgertum. [...]

Am Freitag, 5. Juni, hatten die selbstbewußten und streikerfahrenen Bauarbeiter der Stalinallee und Umgebung erstmals fast halbleere Lohntüten in Händen. Nach dem neuen, aufgezwungenen Tarif bekommen sie 30 bis 40% weniger Lohn; denn mit der Normerhöhung fallen auch Prämien weg. Es entstehen die ersten begrenzten Streiks gegen die Lohnkürzungen. Der Beschluß vom 9. Juni mit dem Neuen Kurs und die Bekräftigung des Alten Kurses in der Normfrage verwirrt die befehlsgewohnten Funktionäre. Es entstehen zwei Linien, die sich in den führenden Zeitungen befehden.

Am nächsten Zahltag, Freitag, 12. Juni, will der Bauleiter der Baustelle C Süd in der Stalinallee eine Normerhöhung von 10% durch die Belegschaft absegnen lassen. Das führt zur Arbeitsniederlegung der 250 Bauarbeiter. [...]

Das «Neue Deutschland» erklärt sich am Sonntag, 14. Juni, gegen die Normerhöhung. Am Montag früh, 15. Juni, verweigern zuerst nur einige Arbeiter auf der Großbaustelle des Krankenhauses Friedrichshain die Arbeitsaufnahme; makabrerweise in nächster Nähe zu den Grabmälern der Märzgefallenen von 1848; und nur knapp eineinhalb Kilometer entfernt vom Strausberger Platz in der Stalinallee, von dem am 17. Juni morgens die entscheidende Demonstration aufbricht.

Die Bauarbeiter stehen offenbar in Verbindung untereinander. Denn kaum erfahren die anderen davon, so streiken auch die Baustellen der Volkspolizei-Inspektion Friedrichshain und der besonders militante Block 40 in der Stalinallee. Die Bauarbeiter dieses Blocks trauen weder der Partei noch der Gewerkschaft. Sie wählen aus ihren eigenen Reihen zwei Delegierte, die dem Ministerpräsidenten Otto Grotewohl die Bitte überbringen sollen, die Normerhöhung zurückzunehmen. Da ein Vertreter der Gewerkschaftszentrale angekündigt ist, rühren die Arbeiter kein Handwerkszeug mehr an, bis zum Arbeitsschluß. Dieses Vorbild wird bis zum Feierabend auf allen Baustellen der Stalinallee bekannt. Die Arbeiter vom Krankenhaus-Neubau Friedrichshain schicken indessen schriftlich ihre Forderung nach Rücknahme der Normerhöhung an Grotewohl. Sie erklären, der «Neue Kurs» nütze nur den Kapitalisten, aber nicht den Arbeitern. Sie drohen mit Streik, falls Grotewohl die Erhöhung nicht zurücknehme.

Am nächsten Tag, Dienstag, 16. Juni, gießt ein Artikel der Gewerkschaftszeitung «Tribüne», der die Normerhöhung bekräftigt, Benzin in die aufflackernde Streikbewegung.

Der Block 40 beschließt, die beiden gewählten Delegierten selber zur Regierung zu begleiten. [...]

Block 40 zieht los, aber nicht gleich zur Regierung, sondern zuerst in die Gegenrichtung, nach Lichtenberg, um die anderen Baustellen mitzunehmen. Dieselbe Methode wenden Arbeiter bei allen Massenkämpfen an und lassen so erkennen, daß ein hoher Grad des Solidaritätsbewußtseins erreicht ist. Ohne Probleme schließt sich die Baustelle C Süd an. Am Küstriner Platz (heute Franz-Mehring-Platz), nahe beim Ostbahnhof (einst Schlesischer Bahnhof), stößt der Zug am Gebäude des «Neuen Deutschland» und am Fernheizwerk auf Bauarbeiter. Dazu ein Teilnehmer:

Mit etwa 15 Mann aus unserem Zug ging ich hinüber.
   «Hört mal zu! Seid ihr mit den Normen einverstanden?»
   Und schon warf der erste seine Kelle hin. Im nächsten Augenblick klapperte das ganze Gerüst, Eimer rollten herunter, Geschirr wurde hingeschmissen, und wieder war unser Zug um 100 Mann stärker.

Es entstehen die ersten Sprechchöre, ihre sich im Laufe des Tages verändernden Parolen bezeichnen die einzelnen Stationen der immer breiteren Streikbewegung:

«Kollegen, reiht euch ein,
wir wollen freie Menschen sein.»

800 Bauarbeiter kommen an der Baustelle G Süd an. Als diese zögert, hallt ein neuer Sprechchor am Bau hinauf:

«G Süd Pfui!»

Gewerkschaftsfunktionäre versuchen, die Auffahrten der Baustelle zu versperren. Nach zehn Minuten Diskussionen überrennen die Arbeiter die Funktionäre und schließen sich an. Dann folgen die Baustellen F Süd und E Nord. Bis der Zug seinen Ausgangspunkt erreicht hat, sind aus 300 Bauarbeitern 2000 geworden.

Die Demonstrationssäule wendet sich nun auf der Stalinallee zum Alexanderplatz.

Wir waren jetzt schon eine Einheit geworden, ich möchte sagen, eine sich ihrer selbst bewußte Einheit. Überall gingen die Volkspolizisten uns aus dem Wege und oft grüßten sie uns auch freundlich. Manche machten ein saures Gesicht. Einem Volkspolizisten, der uns anherrschte, rief ein Arbeiter zu: «Für euch haben wir lange genug gearbeitet! Jetzt ist es vorbei mit eurer Sorte!»

Vor den großen HO-Läden kommen die Sprechchöre auf:
«HO macht uns k. o.»
«Wir wollen keine Volksarmee, wir wollen Butter.»
Am Stadthaus und auch vor der FDGB-Zentrale in der Wallstraße entsteht ein weiterer Spruch:
«Nieder mit den Steuerfressern!»
Das Gewerkschaftshaus ist verschlossen. Es gibt kaum ein besseres Anzeichen dafür, wie weit sich Arbeiterbewegung und Gewerkschaft voneinander entfernt haben.

Niemand ließ sich sehen, aber auch keiner von uns versuchte einzudringen. Hätten wir die Türen eingeschlagen, so hätte sich die Regierung gewiß gefreut, einen Anlaß zu haben, um gegen die Demonstranten vorzugehen. Nachträglich stelle ich fest, es war ein wirklich kluger, disziplinierter Streik. Es war, als ob wir alle gewußt hätten, wie wir die Sache vorwärts treiben könnten. Unser Zug hatte noch immer keine Führung. Einer rief: «Jetzt marschieren wir zur Regierung!»
Alles stimmte zu. Ich rief:
«Wenn wir dahin gehen, dürfen wir nicht den kürzesten Weg gehen. Wir müssen die Arbeiter von der Staatsoper mitnehmen.» Alle pflichteten bei.

Der Zug macht also einen weiteren Umweg. Über den Spittelmarkt geht es zum Marx-Engels-Platz (einst Lustgarten). Es schließen sich die Bauarbeiter der Staatsoper und benachbarter Baustellen an. Schweigend zieht die Masse an der Sowjetischen Botschaft (Unter den Linden) vorüber. Vor dem Brandenburger Tor biegt der Zug links in die Wilhelmstraße (heute Otto-Grotewohl-Straße) ein und erreicht gegen 13 Uhr das Regierungsgebäude Ecke Wilhelmstraße/Leipziger Straße. 3–4000 Demonstranten stehen vor dem Haus der Ministerien, das im ehemaligen Luftfahrtministerium von Joseph Goebbels untergebracht ist (heute Postgebäude). Auch die Regierung fürchtet die Massen und hofft zugleich, der Spuk werde sich von alleine auflösen. Neue Sprechchöre:
«Wo sitzen unsere Volksvertreter? Im Keller, pfui!»

Vier Stunden lang hat der ganze Zug gedauert. Ein Teilnehmer sagt bald nach dem Aufstand aus:

Es lag eine ungeheure Spannung über der Menge. Ich glaube, alle waren sich im klaren, daß es der Anfang von etwas Neuem war. In der großen, unübersehbaren Menge bildeten sich nun verschiedene Gruppen von Sprechchören, die zeitweise auch alle Anwesenden umfaßten:
«Nieder mit den Normen!»
«Wir wollen Grotewohl und Ulbricht sehen!»
Die Wände des Regierungsgebäudes hallten zurück, und es dröhnte. In der ersten Etage ging jetzt ein Fenster auf, und zwei Personen erschienen. «Das sind Rau und Selbmann!» ging es nach wenigen Sekunden durch die ganze Ansammlung. Es wurde jetzt etwas ruhiger. Ein neuer Sprechchor bildete sich:
«Kommt runter!» Immer lauter wurde diese Forderung wiederholt.
Durch den Marsch waren wir ermüdet. Viele waren barfuß oder in Holzpantoffeln. Etwa die Hälfte der Bauarbeiter setzte sich nach und nach hin. Wir wollten den Funktionären auch zeigen, daß wir Zeit haben.

Von der Regierung wagt sich nur der Industrieminister Fritz Selbmann zu den Streikenden. Aus dem verschlossenen Gebäude wird ihm ein Tisch gebracht, von dem aus die Reden gehalten werden. Ein junger Arbeiter verschafft dem Minister auf ironische Weise Ruhe und stiehlt ihm so die Schau:

Nun sprang ich auf den Tisch und streckte meine Arme weit aus. Die Menge wurde ruhig, als sie sah, daß ein Arbeiter dort stand.
«Es spricht jetzt der Kollege Minister Selbmann», sagte ich. Natürlich war das mit dem «Kollegen» ironisch gemeint, denn die Herren Bonzen reden uns immer mit «Kollege» an. Von den Arbeitern wurde es auch sofort richtig verstanden, und viele lachten.

Selbmann beginnt, nachdem das Pfeifkonzert zu seiner Begrüßung verklungen ist: «Kollegen!»
Das Echo aus der Masse: «Wir sind nicht deine Kollegen!»
Selbmann: «Ich bin auch Arbeiter.»
Das Echo: «Das hast du aber vergessen!»
Einer ruft: «Du bist kein Arbeiter, du bist ein Arbeiterverräter.»
Selbmann streckt seine Arme aus: «Arbeiter, schaut meine Hände an!»
Echo: «Mensch, deine Hände sind aber ganz schön fett.»
In Gelächter und Pfeifen geht der Auftritt des Ministers unter. Die

Massen wollen nur Grotewohl oder Ulbricht hören. Auch Robert Havemann bemüht sich vergeblich, die Arbeiter zu besänftigen.
Eine Frau wird auf den Tisch gehoben. Sofort herrscht Ruhe.

Es geht nicht darum, daß wir uns hier beschwichtigen lassen, wir wollen Grotewohl oder Ulbricht sprechen! Hier stehen nicht nur die Bauarbeiter, hier steht ganz Berlin, die ganze Bevölkerung!

Die allgemeine Ratlosigkeit durchbricht nach rund zehn Minuten ein Bauarbeiter:

Kollegen, ich habe bei den Nazis fünf Jahre im KZ gesessen. Ich scheue mich nicht, bei diesen Brüdern noch einmal zehn Jahre für die Freiheit zu sitzen!

Er faßt die Forderungen zusammen. An der Reihenfolge erkennen wir, welche Forderungen zu diesem Zeitpunkt noch als die wichtigsten erscheinen.

Abschaffung der Normen
Preissenkung der HO
Straffreiheit für die Sprecher der Demonstration.

[...] Ein ungefähr fünfzigjähriger Bauarbeiter, ein Steinträger, mit nacktem, braungebranntem Oberkörper, steigt auf den Tisch. Er schiebt den Minister auf die Seite. Sofort Stille. Die neue Arbeiterbewegung zeichnet sich dadurch aus, daß die Streikenden nur auf ihresgleichen und nicht auf eine traditionelle Führung hören. Wer zu ihrem Kampf gehört, genießt Autorität und Vertrauen. Der Steinträger bringt die in der Luft liegenden Ideen zum Durchbruch. Dazu bedarf es keiner neuen Führung.

Kollegen! Es geht hier nicht mehr um Normen und Preise, es geht um mehr. Hier stehen nicht allein die Bauarbeiter der Stalinallee, hier steht Berlin und die ganze Zone.
[zu Selbmann] Was du hier siehst, das ist eine Volkserhebung.
[zu den Versammelten] Die Regierung muß aus ihren Fehlern die Konsequenzen ziehen. Wir fordern freie, geheime Wahlen!

[...] Die Demonstranten erwischen einen Lautsprecherwagen des Kulturbundes der SED und geben von jetzt an damit ihre Parolen durch. Der Zug zählt nun rund 10000 Köpfe. Am Alexanderplatz spötteln einige Offiziere der Volkspolizei aus dem Polizeipräsidium. Im Handumdrehen müssen zwei verhaftete Demonstranten freigelassen werden; die drohende Menge will sonst das Polizeigebäude stürmen und ausräumen. Der

Zug geht zurück zur Stalinallee. Der Lautsprecherwagen, Radkuriere, Betriebstelefone und Mundpropaganda verbreiten die Losung für den nächsten Tag:

Normensenkung
Senkung der HO-Preise
freie Wahlen für ganz Deutschland
Absetzung der Regierung
Treffpunkt 17. Juni früh Strausberger Platz.

Am nächsten Morgen schüttet es. Um 7.45 Uhr zieht eine Marschsäule vom Strausberger Platz los. [...] Um 8.30 Uhr biegt ein anderer Zug aus der Friedrichstraße in die Leipziger Straße ein. Die Kasernierte Volkspolizei, eine Vorstufe zur Nationalen Volksarmee, sichert zusammen mit der Volkspolizei das Regierungsgebäude. Selbst 50 Jungen der FDJ, zwischen zehn und 14 Jahre alt, müssen bei der Absperrung mithelfen. Wie viele Spitzel im Demonstrationszug mitgegangen sind, zeigt sich bei dessen Ankunft am Haus der Ministerien, als die Spitzel die Streikenden verlassen, hinter die Absperrung schlüpfen und etliche Wortführer verhaften lassen. Auch hier tritt die SED ungeniert in die Fußstapfen einer üblen Tradition.
    Von allen Seiten nähern sich Demonstrationszüge dem Regierungsviertel. Schon die Nachtschicht der Großbetriebe hat die Arbeit nicht mehr aufgenommen. Aus Henningsdorf, nördlich von Berlin, marschieren in zwei Blöcken 12000 Arbeiter heran. 27 km ist ihre Strecke lang. Die Abkürzung führt durch den französischen Sektor, damals noch passierbar. Ein paar Arbeiter räumen die Straßensperren an der Sektorengrenze mit Drahtscheren und Stahlsägen beiseite. Unterwegs werden die Demonstranten vor allem von der Arbeiterbevölkerung des Wedding versorgt.
    Trotz des Regens kommen neue Sprechchöre auf:
«Wir sind so verbittert,
daß uns der Regen nicht erschüttert.»
«Ulbricht, Pieck und Grotewohl,
wir haben die Schnauze voll.»
«Es hat keinen Zweck,
der Spitzbart muß weg!»
    Vor dem Regierungsgebäude, wo immer neue Züge eintreffen, schlagen die Polizisten mit Knüppeln drauf. Beim Widerstand fällt eine tüchtige Frauengruppe auf. Die Schneiderinnen des Fortschrittswerkes der VEB Bekleidungsindustrie schlagen mit ihren Regenschirmen zurück.

Streikende holen Steine aus den reichlich vorhandenen Trümmern. Die Polizei wird damit eingedeckt. Aber das Gebäude läßt sich nicht stürmen.

Um neun Uhr kommen die ersten sowjetischen Panzerspähwagen am Haus der Ministerien an. Die Masse der Demonstranten zieht zum Potsdamer Platz an der Sektorengrenze. Ganz Ostberlin streikt. [...]

Der Westen, nach der Theorie der SED Handlanger des angeblichen faschistischen Putschversuchs, rührt keinen Finger, um die Erhebung zu unterstützen. Vielmehr steht das alliierte Militär bereit, die Demonstranten niederzuschießen, sollten sie die Grenze überschreiten. Die Amerikaner riegeln die Grenze ab, leiten den Verkehr von der Sektorengrenze um. Offenbar haben die Alliierten Angst, der Funke des Arbeiteraufstands könne in den Westen fliegen. Immerhin streikten damals in Westberlin 37 000 Bauarbeiter. Was liegt näher, als daß sich die Bauarbeiter in Ost und West zusammentun? Diese Seite des 17. Juni wird im Bundestag nicht gefeiert. Längst sind Legenden darüber gewachsen.

Die Sowjets ihrerseits halten sich noch zurück, schießen aus ihren Panzern nur in die Luft, fahren aber rücksichtslos in die Massen hinein. Es gibt dabei mehrere Tote. Die Panzerbesatzungen sind so falsch unterrichtet, daß sie immer wieder nach amerikanischen Panzern suchen, die in den Ostsektor eingedrungen seien. Falschinformation ist ein beliebtes Mittel der Herrschenden, um Aufstände durch nicht ganz zuverlässige Truppen niederschlagen zu lassen. [...]

Ohne es zu wissen, lassen die Aufständischen eine alte Militärtaktik aufleben. Aber gegen die Panzer sind sie machtlos. Steine richten nichts aus, abgebrochene Antennen kümmern die Sowjets nicht. Dafür zerstören die Demonstranten die Sichtpropaganda der SED, lassen Zeitungskioske in Flammen aufgehen, räumen Polizeistationen aus.

Die Sowjets erkennen im Laufe des Morgens, daß der Generalstreik sich zum Aufstand ausweitet, ironischerweise ganz in Übereinstimmung mit der alten Konzeption der KPD. Deshalb verhängen sie den Ausnahmezustand über Ostberlin:

Für die Herbeiführung einer festen öffentlichen Ordnung im sowjetischen Sektor von Berlin wird befohlen:
1. Ab 13 Uhr des 17. Juni 1953 wird im sowjetischen Sektor von Berlin der Ausnahmezustand verhängt.
2. Alle Demonstrationen, Versammlungen, Kundgebungen und sonstige Men-

schenansammlungen über drei Personen werden auf Straßen und Plätzen wie
auch in öffentlichen Gebäuden verboten.
3. Jeglicher Verkehr von Fußgängern und der Verkehr von Kraftfahrzeugen und
anderen Fahrzeugen wird von 21 Uhr bis 5 Uhr verboten.
Diejenigen, die gegen diesen Befehl verstoßen, werden nach den Kriegsgesetzen
bestraft.
Militärkommandant des sowjetischen Sektors von Groß-Berlin
gez. Dibrowa, Generalmajor.
(Der Volksaufstand, S. 46/47)

Die Massen müssen sich zurückziehen, aber die Straßen leeren sich nicht so rasch.

Im übrigen Gebiet der DDR ist der Streikaufruf des 16. Juni häufig durch die Radiomeldungen des amerikanischen Senders RIAS bekannt geworden, nicht selten auch durch die Betriebstelefone und die Fernschreiber der besetzten Reichsbahn. An vielen Orten geben die Bauarbeiter den Anstoß, doch dann liegt der Schwerpunkt auf Großbetrieben des Maschinenbaus, der Chemie- und der eisenschaffenden Industrie. Die Zentren befinden sich im mitteldeutschen Industriegebiet (Halle, Bitterfeld, Leipzig, Leuna, Merseburg) und im Raum von Magdeburg. Rascher als in Ostberlin stürmen hier die Streikenden die Machtgebäude der verhaßten Herrschenden. Dabei kommt es zu Akten von Volksjustiz, wie sie für Aufstände und Revolutionen typisch sind. In Brandenburg muß die Volkspolizei das Amtsgericht öffnen. Als Gefolterte ans Tageslicht kommen, ergreift die empörte Masse einen Richter und einen Staatsanwalt, schleppt sie zur öffentlichen Gerichtssitzung auf den Marktplatz. Die beiden werden unterwegs so schwer verprügelt, daß sie später ihren Verletzungen erliegen.

Im Magdeburger Bahnhof befreien die Aufständischen 24 politische Häftlinge aus einem Gefangenenwagen der Reichsbahn, einem Erbstück der Nazis. Das Tor des Polizeipräsidiums brechen sie mit einem mächtigen Baumstamm und mit Eisenträgern auf. [...]

An vielen Orten entfaltet sich spontan eine lang unterdrückte Volkskultur, getragen von einfachen Leuten, die mitten im Aufstand ihr Leben selbst in die Hand zu nehmen beginnen. In Leipzig werden die Straßenbahnen angehalten und mit Parolen bemalt. Ein Wagen fährt zwei Stunden lang mit einem Volksgedicht herum, das Ulbricht, Pieck und Grotewohl verspottet und das wir schon aus Ostberlin kennen:
«Spitzbart, Bauch und Brille
sind nicht des Volkes Wille.»

Am Leipziger Hauptbahnhof tauchen Köche auf und beseitigen meisterhaft mit Tranchiergabeln und großen Küchenmessern die SED-Spruchbänder. In gelungener Pantomimenkunst halten sie das ekelerregende Zeug weit von sich weg. Auf dem Altmarkt steht plötzlich ein Klavier. Jemand spielt Jazz, die anderen tanzen ausgelassen. Das Völkerschlachtdenkmal zieht eine Kundgebung an. Als mittags die Vopos – nicht die Sowjets, die vielmehr in die Luft schießen – in die Menge feuern, fahren die Straßenbahnwagen bald entschiedenere Sprüche durch die Stadt:
 «Die Vopo schießt auf deutsche Arbeiter.
 Nieder mit der Regierung.» [...]
In den Industriezentren, weit weg von der Berliner Regierung, erreicht der Aufstand den weitesten Vorstoß in Richtung einer neuen Gesellschaftsordnung. Anders als es die westlichen Legenden gerne hätten, fordern die Streikenden keine Wiedereinsetzung der ostelbischen Großgrundbesitzer, keine Rückholung der alten Nazis, keine Unterdrückung der Arbeiterbewegung, keine Berufsverbote für Sozialisten und Kommunisten, kurz und gut, kein reaktionäres Regime westlicher Prägung. Sie fordern vielmehr eine Veränderung auch in der Bundesrepublik. Die westlichen Interzonenreisenden lesen im Bahnhof Halle ein aufschlußreiches Transparent:
 «Räumt euren Mist in Bonn jetzt aus
 In Pankow säubern wir das Haus!»
Westdeutschen Fernfahrern wird auf der Strecke Magdeburg – Helmstedt ein Plakat gezeigt, das Ulbricht und Adenauer am Galgen darstellt, mit dem Text: «Einheit macht stark!»
In Bitterfeld bildet sich für den ganzen Kreis ein zentrales Streikkomitee, das die neue Regierungsgewalt innehat und der alten Regierung seine Forderungen telegrafisch durchgibt:

An die sogenannte Deutsche Demokratische Regierung, Berlin-Pankow.
Wir Werktätigen des Kreises Bitterfeld fordern von Ihnen:
1. Rücktritt der sogenannten Deutschen Demokratischen Regierung, die sich durch Wahlmanöver an die Macht gebracht hat.
2. Bildung einer provisorischen Regierung aus den fortschrittlichen Werktätigen.
3. Zulassung sämtlicher großen demokratischen Parteien Westdeutschlands,
4. freie, geheime, direkte Wahlen in vier Monaten,
5. Freilassung sämtlicher politischen Gefangenen (direkt politischer, sogenannter «Wirtschaftsverbrecher» und konfessionell Verfolgter),
6. sofortige Abschaffung der Zonengrenzen und Zurückziehung der Vopo,

7. sofortige Normalisierung des sozialen Lebensstandards,
8. sofortige Auflösung der sogenannten «Nationalarmee»,
9. keine Repressalien gegen einen Streikenden.

Hier deutete sich der Übergang von der alten Arbeiterbewegung zur neuen an. Aus den spontan gewählten Streikkomitees sollte sich eine neue Regierung bilden, keine von unabsetzbaren Funktionären mehr, sondern von selbständig gewählten und wieder abrufbaren Delegierten, entsprechend der bisherigen Streikerfahrung. Was hier als Vorstellung aufleuchtete, war der Rätesozialismus, das Ende der stalinistischen Parteidiktatur.

Mit diesem Ziel stimmte die soziale Zusammensetzung der Massenbewegung überein. Wer gestreikt und auf den Straßen gekämpft hatte, das waren Arbeiter gewesen. Das Bürgertum, der gewerbliche Mittelstand, hatte sich teils resigniert, teils zufrieden mit den Zugeständnissen aus allem herausgehalten. In der Streikbewegung entstanden neue Arbeiterräte, die die Betriebe besetzten, die Direktoren absetzten und die Parteizellen auflösten. Es bildeten sich aber keine Bürgerräte, die ihre von den Arbeiterinteressen abweichenden Forderungen hätten vorbringen können.

Unleugbar ruhte das Schwergewicht des Aufstandes auf den alten roten Hochburgen der Arbeiterbewegung. Es machte dabei keinen Unterschied, ob es sich hier um einst sozialdemokratische oder kommunistische Zentren handelte. Im Kampf selbst entstand rasch eine pragmatische Einheit der neuen Arbeiterbewegung. Die alten Parteidifferenzen spielten keine Rolle mehr.

Als die SED nach dem 17. Juni mit Säuberungen in der Partei begann, sah sie sich gezwungen, massenweise Mitglieder auszuschließen bzw. in den Kandidatenstand zurückzuversetzen. Deren kritischer Position hängte sie das Schild «Sozialdemokratismus» um, ein Zeichen für die Verständnislosigkeit der SED. Unter den Gemaßregelten waren im Durchschnitt 30 Prozent bereits vor 1933 Mitglieder der KPD gewesen. In den Hochburgen lag der Anteil der Altkommunisten unter den gemaßregelten SED-Mitgliedern noch weit höher:

Halle (Stadt)	71 %
Leipzig (drei Kreise)	59 %
Magdeburg (Stadt)	52 %
Ostberlin (fünf Kreise)	68 %
Bautzen	61 %
(Jänicke, S. 51)	

Die Schätzungen der Teilnehmerzahlen des 17. Juni liegen zwischen 300 000 und 372 000, an 272 oder 274 Orten. Rund sechs Prozent der DDR-Bevölkerung machten beim Aufstand mit. Die Zahl der Todesopfer ist unklar: nach der SED nur 21 Tote – sicher viel zu niedrig –, nach westlichen Angaben 401 Tote (267 Arbeiter, 116 Funktionäre, 18 sowjetische Soldaten), was etwas zu hoch liegen mag. Es wurden mehr als 1300 Verhaftungen vorgenommen, über 1150 wurden abgeurteilt, darunter eine umstrittene Anzahl zum Tod (sechs, sieben oder 14), acht zu lebenslänglichem Zuchthaus, der Rest zu durchschnittlich vier Jahren Zuchthaus.

Auch wenn die Sowjets allerorts die Aufstandsbewegung niederschlugen, so hörten die Streiks doch nicht sofort auf. Noch nach Wochen kam es zu Arbeitskämpfen. Die SED mußte weiterhin dem Arbeiterdruck nachgeben. Die Normerhöhung wurde offiziell von Grotewohl am 17. Juni abends widerrufen. Es folgte eine Senkung der Lebensmittelpreise, der Lohnausfall während der Streikzeit wurde bezahlt. Das Schwergewicht der Investitionen verlagerte sich nun tatsächlich auf die Konsumgüterindustrie. Es setzte eine gewisse Liberalisierung ein, die ungefähr bis zum bewaffneten ungarischen Aufstand von 1956 andauerte. Die Sowjetunion verzichtete auf weitere Reparationsleistungen. Insofern blieb auch der besiegte Aufstand nicht ohne Erfolg.

In der SED bekam der angeschlagene Ulbricht bald wieder Oberwasser. Er ließ die Anhänger des Neuen Kurses ausschließen, die bisher im Einverständnis mit den Sowjets gehandelt und ihn abzulösen versucht hatten. Der Aufstand schreckte die Sowjets vor weiteren Experimenten zurück.

Die historische Chance des 17. Juni lag in der offenen Situation nach Stalins Tod. Heinz Brandt, 1953 Sekretär für Agitation und Propaganda in der Berliner Bezirksleitung der SED, formulierte 1978 in einer Sendung des Südwestfunks:

Wir glaubten, daß es möglich sei, in einem wiedervereinigten Deutschland eine Auffangposition für einen demokratischen Sozialismus entwickeln zu können, wir sahen die DDR nur als Faustpfand, als Übergangssituation für eine solche gesamtdeutsche Vereinigung an. Das war etwa unsere Auffassung, und wir glaubten uns bestätigt, als im Juni 1953, Anfang Juni, der Neue Kurs gestartet wurde, der ganz offensichtlich von Malenkow und auch von Berija angelegt worden war als Eintrittskarte für eine Gipfelkonferenz, die Churchill vorgeschlagen hatte damals angesichts des atomaren Patts, einen atomaren Weltkonflikt, einen atomaren Zusammenstoß zu verhindern und das zu erkaufen durch eine Neutralisierung Gesamtdeutschlands etwa im Sinne der österreichischen. (Assall/Koerner, S. 6)

Damit wären auch Erich Honeckers Tage gezählt gewesen: damals 1. FDJ-Vorsitzender in der DDR, treuer Anhänger Ulbrichts, während des 17. Juni Anführer einer FDJ-Gegendemonstration. Daß alles anders kam, befriedigte die Kalten Krieger beider Seiten.

Die bleibende Bedeutung des 17. Juni stellte sich deutlicher heraus, je mehr selbständige Bewegungen in Osteuropa sich regten. Der Juni-Aufstand wurde rasch in ganz Osteuropa bekannt. Im sibirischen Lager Workuta löste diese Nachricht eine große Streikbewegung der Zwangsarbeiter aus. Der ungarische Aufstand von 1956 setzte die Linie des 17. Juni fort, allerdings viel härter. Seit 1970 traten die Polen in die Fußstapfen dieser Tradition. Überall entstanden von unten Ansätze zu einem Rätesozialismus, jenseits von westlichem Kapitalismus und östlichem Staatskapitalismus. Wir brauchen uns nicht wiederum durch den Beifall der Falschen auch diese sozialistische Bewegung madig machen lassen.

Die SED zierte den Aufstand von Anfang an mit dem Etikett «faschistisch». Alles sei nur das Werk westlicher Agenten und Provokateure gewesen. Das Weltbild der SED war denkbar einfach: wer nicht dafür war, schadete, und wer schadete, war ein Faschist. Dieser Logik folgte die KPD in der Bundesrepublik und später ebenso treu die DKP (vgl. Boulboullé, S. 38).

Wohltuend hob sich davon der italienische Kommunist Amadeo Bordiga ab, selbst schon längst aus der KPI ausgeschlossen. Als Gegner des Stalinismus von Anfang an würdigte er die Erhebung in der DDR, in Entsprechung zur Kommune von Paris (1871), als «die rote Kommune von Berlin».

Die KPD erhielt bei den Bundestagswahlen vom 6. September 1953 gerade in ihren Hochburgen des Ruhrgebiets die Quittung dafür, daß sie das Zusammenschießen eines Arbeiteraufstandes abgesegnet hatte. Viele Altkommunisten wollten nichts mit der Parteidiktatur zu tun haben. Die KPD-Stimmen schrumpften oft auf ein Drittel zusammen: in Essen von 14 auf fünf Prozent, in Gelsenkirchen von 15,3 auf 5,3 Prozent, in Recklinghausen von 12,2 auf vier Prozent, in Hagen-Haspe von 14,5 auf 5,5 Prozent (Leithäuser, S. 66).

(Aus: Haasis, Hellmut G., Spuren der Besiegten, Band 3, Reinbek bei Hamburg 1984)

Präambel zum Grundgesetz der Bundesrepublik Deutschland

Im Bewußtsein seiner Verantwortung vor Gott und den Menschen, von dem Willen beseelt, seine nationale und staatliche Einheit zu wahren und als gleichberechtigtes Glied in einem vereinten Europa dem Frieden der Welt zu dienen, hat das Deutsche Volk in den Ländern Baden, Bayern, Bremen, Hamburg, Hessen, Niedersachsen, Nordrhein-Westfalen, Rheinland-Pfalz, Schleswig-Holstein, Württemberg-Baden und Württemberg-Hohenzollern, um dem staatlichen Leben für eine Übergangszeit eine neue Ordnung zu geben, kraft seiner verfassungsgebenden Gewalt dieses Grundgesetz der Bundesrepublik Deutschland beschlossen. Es hat auch für jene Deutschen gehandelt, denen mitzuwirken versagt war. Das gesamte Deutsche Volk bleibt aufgefordert, in freier Selbstbestimmung die Einheit und Freiheit Deutschlands zu vollenden.

Vertrag über die Grundlagen der Beziehungen zwischen der Bundesrepublik Deutschland und der Deutschen Demokratischen Republik

[Grundvertrag]
Vom 21. Dezember 1972
[BGBl. 1973 II S. 423]

Die Hohen Vertragschließenden Seiten
eingedenk ihrer Verantwortung für die Erhaltung des Friedens,
in dem Bestreben, einen Beitrag zur Entspannung und Sicherheit in Europa zu leisten,
in dem Bewußtsein, daß die Unverletzlichkeit der Grenzen und die Achtung der territorialen Integrität und der Souveränität aller Staaten in Europa in ihren gegenwärtigen Grenzen eine grundlegende Bedingung für den Frieden sind,
in der Erkenntnis, daß sich daher die beiden deutschen Staaten in ihren Beziehungen der Androhung oder Anwendung von Gewalt zu enthalten haben,
ausgehend von den historischen Gegebenheiten und unbeschadet der unterschiedlichen Auffassungen der Bundesrepublik Deutschland und der Deutschen Demokratischen Republik zu grundsätzlichen Fragen, darunter zur nationalen Frage,
geleitet von dem Wunsch, zum Wohle der Menschen in den beiden deutschen Staaten die Voraussetzungen für die Zusammenarbeit zwischen der Bundesrepublik Deutschland und der Deutschen Demokratischen Republik zu schaffen,
sind wie folgt übereingekommen:

Art. 1. Die Bundesrepublik Deutschland und die Deutsche Demokratische Republik entwickeln normale gutnachbarliche Beziehungen zueinander auf der Grundlage der Gleichberechtigung.

Art. 2. Die Bundesrepublik Deutschland und die Deutsche Demokratische Republik werden sich von den Zielen und Prinzipien leiten lassen, die in der Charta der Vereinten Nationen niedergelegt sind, insbesondere der souveränen Gleichheit aller Staaten, der Achtung der Unabhängigkeit, Selbständigkeit und territorialen Integrität, dem Selbstbestimmungsrecht, der Wahrung der Menschenrechte und der Nichtdiskriminierung.

Art. 3. Entsprechend der Charta der Vereinten Nationen werden die Bundesrepublik Deutschland und die Deutsche Demokratische Republik ihre Streitfragen ausschließlich mit friedlichen Mitteln lösen und sich der Drohung mit Gewalt oder der Anwendung von Gewalt enthalten.

Sie bekräftigen die Unverletzlichkeit der zwischen ihnen bestehenden Grenze jetzt und in der Zukunft und verpflichten sich zur uneingeschränkten Achtung ihrer territorialen Integrität.

Art. 4. Die Bundesrepublik Deutschland und die Deutsche Demokratische Republik gehen davon aus, daß keiner der beiden Staaten den anderen international vertreten oder in seinem Namen handeln kann.

Art. 5. Die Bundesrepublik Deutschland und die Deutsche Demokratische Republik werden friedliche Beziehungen zwischen den europäischen Staaten fördern und zur Sicherheit und Zusammenarbeit in Europa beitragen. Sie unterstützen die Bemühungen um eine Verminderung der Streitkräfte und Rüstungen in Europa, ohne daß dadurch Nachteile für die Sicherheit der Beteiligten entstehen dürfen.

Die Bundesrepublik Deutschland und die Deutsche Demokratische Republik werden mit dem Ziel einer allgemeinen und vollständigen Abrüstung unter wirksamer internationaler Kontrolle der internationalen Sicherheit dienende Bemühungen um Rüstungsbegrenzung und Abrüstung, insbesondere auf dem Gebiet der Kernwaffen und anderen Massenvernichtungswaffen, unterstützen.

Art. 6. Die Bundesrepublik Deutschland und die Deutsche Demokratische Republik gehen von dem Grundsatz aus, daß die Hoheitsgewalt jedes der beiden Staaten sich auf sein Staatsgebiet beschränkt. Sie respektieren die Unabhängigkeit und Selbständigkeit jedes der beiden Staaten in seinen inneren und äußeren Angelegenheiten.

Art. 7. Die Bundesrepublik Deutschland und die Deutsche Demokratische Republik erklären ihre Bereitschaft, im Zuge der Normalisierung ihrer Beziehungen praktische und humanitäre Fragen zu regeln. Sie werden Abkommen schließen, um auf der Grundlage dieses Vertrages und zum beiderseitigen Vorteil die Zusammenarbeit auf dem Gebiet der Wirtschaft, der Wissenschaft und Technik, des Verkehrs, des Rechtsverkehrs, des Post- und Fernmeldewesens, des Gesundheitswesens, der Kultur, des Sports, des Umweltschutzes und auf anderen Gebieten zu entwickeln und zu fördern. Einzelheiten sind in dem Zusatzprotokoll geregelt.

Art. 8. Die Bundesrepublik Deutschland und die Deutsche Demokratische Republik werden ständige Vertretungen austauschen. Sie werden am Sitz der jeweiligen Regierung errichtet.

Die praktischen Fragen, die mit der Einrichtung der Vertretungen zusammenhängen, werden zusätzlich geregelt.

Art. 9. Die Bundesrepublik Deutschland und die Deutsche Demokratische Republik stimmen darin überein, daß durch diesen Vertrag die von ihnen früher abgeschlossenen oder sie betreffenden zweiseitigen und mehrseitigen internationalen Verträge und Vereinbarungen nicht berührt werden.

Art. 10. Dieser Vertrag bedarf der Ratifikation und tritt am Tage nach dem Austausch entsprechender Noten in Kraft.

ZU URKUND DESSEN haben die Bevollmächtigten der Hohen Vertragschließenden Seiten diesen Vertrag unterzeichnet.

GESCHEHEN in Berlin am 21. Dezember 1972 in zwei Urschriften in deutscher Sprache.

Für die Bundesrepublik
Deutschland
Egon Bahr

Für die Deutsche
Demokratische Republik
Michael Kohl

Brief der Regierung der Bundesrepublik Deutschland zur deutschen Einheit an die Regierung der Deutschen Demokratischen Republik

Vom 21. Dezember 1972
(BGBl. 1973 II S. 425)

Bundesminister für besondere Aufgaben
beim Bundeskanzler

Bonn, den 21. Dezember 1972

An den
Staatssekretär beim Ministerrat
der Deutschen Demokratischen Republik
Herrn Dr. Michael Kohl
Berlin

Sehr geehrter Herr Kohl!

Im Zusammenhang mit der heutigen Unterzeichnung des Vertrages über die Grundlagen der Beziehungen zwischen der Bundesrepublik Deutschland und der Deutschen Demokratischen Republik beehrt sich die Regierung der Bundesrepublik Deutschland festzustellen, daß dieser Vertrag nicht im Widerspruch zu dem politischen Ziel der Bundesrepublik Deutschland steht, auf einen Zustand des Friedens in Europa hinzuwirken, in dem das deutsche Volk in freier Selbstbestimmung seine Einheit wiedererlangt.

Mit vorzüglicher Hochachtung
Bahr

Zusatzprotokoll

(BGBl. 1973 II S. 426)

I

Zu Artikel 3: Die Bundesrepublik Deutschland und die Deutsche Demokratische Republik kommen überein, eine Kommission aus Beauftragten der Regierungen beider Staaten zu bilden. Sie wird die Markierung der zwischen den beiden Staaten bestehenden Grenze überprüfen und, soweit erforderlich, erneuern oder ergänzen sowie die erforderlichen Dokumentationen über den Grenzverlauf erarbeiten. Gleichermaßen wird sie zur Regelung sonstiger mit dem Grenzverlauf im Zusammenhang stehender Probleme, zum Beispiel der Wasserwirtschaft, der Energieversorgung und der Schadensbekämpfung, beitragen.

Die Kommission nimmt nach Unterzeichnung des Vertrages ihre Arbeit auf.

II

Zu Artikel 7: 1. Der Handel zwischen der Bundesrepublik Deutschland und der Deutschen Demokratischen Republik wird auf der Grundlage der bestehenden Abkommen entwickelt.

Die Bundesrepublik Deutschland und die Deutsche Demokratische Republik werden langfristige Vereinbarungen mit dem Ziel abschließen, eine kontinuierliche Entwicklung der wirtschaftlichen Beziehungen zu fördern, überholte Regelungen anzupassen und die Struktur des Handels zu verbessern.

2. Die Bundesrepublik Deutschland und die Deutsche Demokratische Republik bekunden ihren Willen, zum beiderseitigen Nutzen die Zusammenarbeit auf den Gebieten der Wissenschaft und Technik zu entwickeln und die hierzu erforderlichen Verträge abzuschließen.

3. Die mit dem Vertrag vom 26. Mai 1972 begonnene Zusammenarbeit auf dem Gebiet des Verkehrs wird erweitert und vertieft.

4. Die Bundesrepublik Deutschland und die Deutsche Demokratische Republik erklären ihre Bereitschaft, im Interesse der Rechtsuchenden den Rechtsverkehr, insbesondere in den Bereichen des Zivil- und des Strafrechts, vertraglich so einfach und zweckmäßig wie möglich zu regeln.

5. Die Bundesrepublik Deutschland und die Deutsche Demokratische Republik stimmen überein, auf der Grundlage der Satzung des Weltpostvereins und des Internationalen Fernmeldevertrages ein Post- und Fernmeldeabkommen abzuschließen. Sie werden dieses Abkommen dem Weltpostverein (UPU) und der Internationalen Fernmelde-Union (UIT) notifizieren.

In dieses Abkommen werden die bestehenden Vereinbarungen und die für beide Seiten vorteilhaften Verfahren übernommen werden.

6. Die Bundesrepublik Deutschland und die Deutsche Demokratische Republik erklären ihr Interesse an einer Zusammenarbeit auf dem Gebiet des Gesundheitswesens. Sie stimmen überein, daß in dem entsprechenden Vertrag auch der Austausch von Medikamenten sowie die Behandlung in Spezialkliniken und Kuranstalten im Rahmen der gegebenen Möglichkeiten geregelt werden.

7. Die Bundesrepublik Deutschland und die Deutsche Demokratische Republik beabsichtigen, die kulturelle Zusammenarbeit zu entwickeln. Zu diesem Zweck werden sie Verhandlungen über den Abschluß von Regierungsabkommen aufnehmen.

8. Die Bundesrepublik Deutschland und die Deutsche Demokratische Republik bekräftigen ihre Bereitschaft, nach Unterzeichnung des Vertrages die zuständigen Sportorganisationen bei den Absprachen zur Förderung der Sportbeziehungen zu unterstützen.

9. Auf dem Gebiet des Umweltschutzes sollen zwischen der Bundesrepublik Deutschland und der Deutschen Demokratischen Republik Vereinbarungen geschlossen werden, um zur Abwendung von Schäden und Gefahren für die jeweils andere Seite beizutragen.

10. Die Bundesrepublik Deutschland und die Deutsche Demokratische Republik werden Verhandlungen mit dem Ziel führen, den gegenseitigen Bezug von Büchern, Zeitschriften, Rundfunk- und Fernsehproduktionen zu erweitern.

11. Die Bundesrepublik Deutschland und die Deutsche Demokratische Republik werden im Interesse der beteiligten Menschen Verhandlungen zur Regelung des nichtkommerziellen Zahlungs- und Verrechnungsver-

kehrs aufnehmen. Dabei werden sie im gegenseitigen Interesse vorrangig für den kurzfristigen Abschluß von Vereinbarungen unter sozialen Gesichtspunkten Sorge tragen.

Protokollvermerk zum Vertrag

(BGBl. 1973 II S. 426)

Wegen der unterschiedlichen Rechtspositionen zu Vermögensfragen konnten diese durch den Vertrag nicht geregelt werden.

Vorbehalt zu Staatsangehörigkeitsfragen durch die Bundesrepublik Deutschland

(BGBl. 1973 II S. 426)

Die Bundesrepublik Deutschland erklärt:
 «Staatsangehörigkeitsfragen sind durch den Vertrag nicht geregelt worden.»

Auszug aus dem Urteil des Bundesverfassungsgerichts vom 31. 7. 1973 zum Grundlagenvertrag zwischen der Bundesrepublik Deutschland und der Deutschen Demokratischen Republik

1. Bundesverfassungsgericht

1. GG Art. 59 Abs. 2, 23, 16 *(Verfassungsmäßigkeit des Grundlagenvertrages)*

a) Art. 59 Abs. 2 GG verlangt für alle Verträge, die die politischen Beziehungen des Bundes regeln oder sich auf Gegenstände der Bundesgesetzgebung beziehen, die parlamentarische Kontrolle in der Form des Zustimmungsgesetzes, gleichgültig, ob der als Vertragspartner beteiligte Staat nach dem Recht des Grundgesetzes Ausland ist oder nicht.

b) Der Grundsatz des judicial self-restraint zielt darauf ab, den von der Verfassung für die anderen Verfassungsorgane garantierten Raum freier politischer Gestaltung offenzuhalten.

c) Mit der Entscheidung des Grundgesetzes für eine umfassende Verfassungsgerichtsbarkeit ist es unvereinbar, daß die Exekutive ein beim Bundesverfassungsgericht anhängiges Verfahren überspielt.

Ergibt sich, wie in diesem Fall, ausnahmsweise einmal eine Lage, in der das Inkrafttreten eines Vertrages vor Abschluß des verfassungsgerichtlichen Verfahrens nach Auffassung der Exekutive unabweisbar geboten erscheint, so haben die dafür verantwortlichen Verfassungsorgane für die sich daraus möglicherweise ergebenden Folgen einzustehen.

d) Aus dem Wiedervereinigungsgebot folgt: Kein Verfassungsorgan der Bundesrepublik Deutschland darf die Wiederherstellung der staatlichen Einheit als politisches Ziel aufgeben, alle Verfassungsorgane sind verpflichtet, in ihrer Politik auf die Erreichung dieses Zieles hinzuwirken – das schließt die Forderung ein, den Wiedervereinigungsanspruch im Inneren wachzuhalten und nach Außen beharrlich zu vertreten – und alles zu unterlassen, was die Wiedervereinigung vereiteln würde.

e) Die Verfassung verbietet, daß die Bundesrepublik Deutschland auf einen Rechtstitel aus dem Grundgesetz verzichtet, mittels dessen sie in Richtung auf Verwirklichung der Wiedervereinigung und der Selbstbestimmung wirken kann, oder einen mit dem Grundgesetz unvereinbaren Rechtstitel schafft oder sich an der Begründung eines solchen Rechtstitels beteiligt, der ihr bei ihrem Streben nach diesem Ziel entgegengehalten werden kann.

f) Der Vertrag hat einen Doppelcharakter; er ist seiner Art nach ein völkerrechtlicher Vertrag, seinem spezifischen Inhalt nach ein Vertrag, der vor allem inter-se-Beziehungen regelt.

g) Art. 23 GG verbietet, daß sich die Bundesregierung vertraglich in eine Abhängigkeit begibt, nach der sie rechtlich nicht mehr allein, sondern nur noch im Einverständnis mit dem Vertragspartner die Aufnahme anderer Teile Deutschlands verwirklichen kann.

h) Art. 16 GG geht davon aus, daß die «deutsche Staatsangehörigkeit», auf die auch in Art. 116 Abs. 1 GG in Bezug genommen ist, zugleich die Staatsangehörigkeit der Bundesrepublik Deutschland ist. Deutscher Staatsangehöriger im Sinne des Grundgesetzes ist also nicht nur der Bürger der Bundesrepublik Deutschland.

i) Ein Deutscher hat, wann immer er in den Schutzbereich der staatlichen Ordnung der Bundesrepublik Deutschland gelangt, einen Anspruch auf den vollen Schutz der Gerichte der Bundesrepublik Deutschland und aller Garantien der Grundrechte des Grundgesetzes.

BVerfG, Urt. v. 31. 7. 1973 – 2 BvF 1/73

Das *BVerfG* – Zweiter Senat – hat auf Grund der mündlichen Verhandlung vom 19. 6. 1973 durch *Urteil* für Recht erkannt:
Das Gesetz zu dem Vertrag vom 21. 12. 1972 zwischen der Bundesrepublik Deutschland und der Deutschen Demokratischen Republik über die Grundlagen der Beziehungen zwischen der Bundesrepublik Deutschland und der Deutschen Demokratischen Republik vom 6. 6. 1973 (BGBl. II 421) ist in der sich aus den Gründen ergebenden Auslegung mit dem Grundgesetz vereinbar.

Aus den Gründen:
[...]

II. 1. Am 28. 5. 1973 hat die Bayerische Staatsregierung gemäß Art. 93 Abs. 1 Nr. 2 GG in Verb. m. § 13 Nr. 6 und § 76 Nr. 1 BVerfGG beim

BVerfG beantragt festzustellen: Das Gesetz zu dem Vertrag vom 21.12.1972 zwischen der BRD und der DDR über die Grundlagen der Beziehungen zwischen der BRD und der DDR ist mit dem Grundgesetz nicht vereinbar und deshalb nichtig.

Für die Zulässigkeit des Antrags bezieht sie sich auf die bisherige Rechtsprechung des Gerichts. Zur Begründetheit ihres Antrags trägt sie im wesentlichen vor:

Der Vertrag verstoße gegen das Gebot der Wahrung der staatlichen Einheit Deutschlands. Er beruhe auf der vom Grundgesetz verworfenen Rechtsauffassung vom Untergang des Deutschen Reiches und dem Neuentstehen zweier unabhängiger Staaten auf dem Gebiet des alten Reiches. Die Bundesrepublik könne nicht mehr für Gesamtdeutschland handeln. Daran ändere auch nichts der Brief zur deutschen Einheit, der weder auf das Selbstbestimmungsrecht noch auf das Recht auf Wiedervereinigung verweise, sondern nur auf das *politische* Ziel, eine Veränderung des Status quo mit friedlichen Mitteln anzustreben. Nach dem Grundgesetz bestehe die deutsche Einheit nicht nur in alliierten Vorbehaltsrechten, sondern auch in den Rechtsnormen und Organen der Bundesrepublik Deutschland fort.

Der Vertrag verletze auch das grundgesetzliche Wiedervereinigungsgebot. Der Vertrag erkenne die Deutsche Demokratische Republik als mit der Bundesrepublik Deutschland gleichberechtigten, unabhängigen und selbständigen Staat an. An die Stelle des Deutschen Reiches träten zwei souveräne Staaten, die sich gegenseitig ihren Bestand garantierten; das führe zur Teilung Deutschlands. Aus der bisherigen Demarkationslinie mache der Vertrag eine freiwillig und vertraglich vereinbarte Staatsgrenze. Das bedeute eine Vertiefung der schon bestehenden Spaltung und verstoße gegen das Wiedervereinigungsgebot. Deshalb lasse sich der Vertrag auch nicht damit rechtfertigen, daß der durch ihn geschaffene Zustand «näher beim Grundgesetz» stehe als der vorher bestehende.

Der Vertrag sei außerdem mit den Vorschriften des Grundgesetzes über Berlin unvereinbar: Die Berlinklausel des Vertragsgesetzes unterscheide sich von der üblichen Formel; sie bestimme nur, das Gesetz gelte «soweit sich die Regelungen des Vertragswerks auf das Land Berlin beziehen, auch im Lande Berlin, sofern das Land Berlin die Anwendung dieses Gesetzes feststellt». Danach würden von der Klausel nur die Erklärungen beider Seiten in bezug auf Berlin (West) erfaßt. Das Vertragswerk regle aber auch Fragen, die nicht den Status Berlins betreffen, beispielsweise

Verbesserung des nichtkommerziellen Warenverkehrs, von denen das Vertragsgesetz Berlin nicht ausschließen dürfe. Auch die Erklärung, Berlin (West) betreffend, selbst sei verfassungswidrig, weil nur vereinbart sei, daß die im Zusatzprotokoll zu Artikel 7 vorgesehenen Abkommen und Regelungen im jeweiligen Falle auf Berlin (West) ausgedehnt werden *können*; das hänge aber künftig von der Zustimmung der Deutschen Demokratischen Republik ab, sei also nicht mehr gewährleistet und verstoße deshalb gegen Art. 23 Satz 1 GG. Mit dieser Vorschrift sei auch die Anerkennung der Souveränität der Deutschen Demokratischen Republik über Berlin (Ost) unvereinbar.

Der Vertrag verletze schließlich die im Grundgesetz begründete Schutz- und Fürsorgepflicht gegenüber den Deutschen in der Deutschen Demokratischen Republik. Die in der Deutschen Demokratischen Republik lebenden Menschen seien Deutsche im Sinne des Art. 116 GG. Art. 6 des Vertrags verwehre jedoch der Bundesrepublik Deutschland rechtlich, zugunsten der im Gebiet der Deutschen Demokratischen Republik beheimateten Deutschen zu intervenieren; als Folge davon müßten zusätzliche Schwierigkeiten entstehen, wenn die Vertretungen der Bundesrepublik Deutschland in Drittländern Deutschen aus der Deutschen Demokratischen Republik Hilfe leisten wollten. Der Vertrag habe zudem, auch wenn er Staatsangehörigkeitsfragen nicht geregelt habe, Auswirkungen auf das Staatsangehörigkeitsrecht des Grundgesetzes. Jedenfalls dürfe ein Vertrag mit der Deutschen Demokratischen Republik nur abgeschlossen werden, wenn in ihm – gewissermaßen als verfassungsrechtliches Minimum – ein Ausreiserecht für alle Deutschen aus der Deutschen Demokratischen Republik nach der Bundesrepublik Deutschland bindend vereinbart sei.

Insgesamt sei es nicht gelungen, im Vertrag ein «besonderes Verhältnis» zwischen der Bundesrepublik Deutschland und der Deutschen Demokratischen Republik zu konstituieren. Nicht einmal die Einheit der Nation sei vertraglich festgehalten. Auch als «modus vivendi» sei der Vertrag nicht interpretierbar, weil er ohne Befristung und ohne Kündigungsklausel abgeschlossen sei und nicht einmal den Vorbehalt einer friedensvertraglichen Regelung enthalte. Der Vertrag habe die deutsche Frage nicht dem Ziel des Grundgesetzes nähergebracht; das gelte auch, wenn man die begrüßenswerten menschlichen Erleichterungen berücksichtige, die mit dem Inkrafttreten des Vertrags verbunden seien.

[...]

III. Der Vertrag regelt die *Grundlagen* der Beziehungen zwischen der BRD und der DDR. Seine Beurteilung macht erforderlich, sich mit den Aussagen des GG über den Rechtsstatus Deutschlands auseinanderzusetzen:

1. Das GG – nicht nur eine These der Völkerrechtslehre und der Staatsrechtslehre! – geht davon aus, daß das Deutsche Reich den Zusammenbruch 1945 überdauert hat und weder mit der Kapitulation noch durch Ausübung fremder Staatsgewalt in Deutschland durch die alliierten Okkupationsmächte noch später untergegangen ist; das ergibt sich aus der Präambel, aus Art. 16, Art. 23, Art. 116 und Art. 146 GG. Das entspricht auch der ständigen Rechtsprechung des *BVerfG*, an der der Senat festhält. Das Deutsche Reich existiert fort (*BVerfGE* 2, 266 [277] = NJW 53, 1057; *BVerfGE* 3, 288 [319f.] = NJW 54, 465; *BVerfGE* 5, 85 [126] = NJW 56, 1393; *BVerfGE* 6, 309 [336, 363] = NJW 57, 705), besitzt nach wie vor Rechtsfähigkeit, ist allerdings als Gesamtstaat mangels Organisation, insbesondere mangels institutionalisierter Organe selbst nicht handlungsfähig. Im Grundgesetz ist auch die Auffassung vom gesamtdeutschen Staatsvolk und von der gesamtdeutschen Staatsgewalt «verankert» (*BVerfGE* 2, 266 [277] = NJW 53, 1057). Verantwortung für «Deutschland als Ganzes» tragen – auch – die vier Mächte (*BVerfGE* 1, 351 [362f., 367] = NJW 52, 969).

Mit der Errichtung der BRD wurde nicht ein neuer westdeutscher Staat gegründet, sondern ein Teil Deutschlands neu organisiert (vgl. CARLO SCHMID in der 6. Sitzung des Parlamentarischen Rates – StenBer. S. 70). Die BRD ist also nicht «Rechtsnachfolger» des Deutschen Reiches, sondern als Staat identisch mit dem Staat «Deutsches Reich», – in bezug auf seine räumliche Ausdehnung allerdings «teilidentisch», so daß insoweit die Identität keine Ausschließlichkeit beansprucht. Die BRD umfaßt also, was ihr Staatsvolk und ihr Staatsgebiet anlangt, nicht das ganze Deutschland, unbeschadet dessen, daß sie ein einheitliches Staatsvolk des Völkerrechtssubjekts «Deutschland» (Deutsches Reich), zu dem die eigene Bevölkerung als untrennbarer Teil gehört, und ein einheitliches Staatsgebiet «Deutschland» (Deutsches Reich), zu dem ihr eigenes Staatsgebiet als ebenfalls nicht abtrennbarer Teil gehört, anerkennt. Sie beschränkt staatsrechtlich ihre Hoheitsgewalt auf den «Geltungsbereich des GG» (vgl. *BVerfGE* 3, 288 [319f.] = NJW 54, 465; *BVerfGE* 6, 309 [338, 363] = NJW 57, 705), fühlt sich aber auch verantwortlich für das ganze Deutschland (vgl. Präambel des GG). Derzeit besteht die BRD aus den in Art. 23 GG genannten Ländern, einschließlich Berlin; der Status des Landes Berlin der BRD ist nur gemindert und belastet durch den sog. Vorbehalt der Gouverneure der Westmächte (*BVerfGE* 7, 1 [7 ff.] = NJW 57, 1273; *BVerfGE* 19, 377 [388] = NJW 66, 723; *BVerfGE* 20, 257 [266] = NJW 67, 339). Die DDR gehört zu Deutschland und kann im Verhältnis zur BRD nicht als Ausland angesehen werden (*BVerfGE* 11, 150 [158] = NJW 60, 1611). Deshalb war z. B. der Interzonenhandel und ist der ihm entsprechende innerdeutsche Handel nicht Außenhandel (*BVerfGE* 18, 353 [354] = NJW 65, 741).

[...]

Das bedarf in folgender Richtung hier noch einer näheren Präzisierung: Aus dem Wiedervereinigungsgebot folgt zunächst: Kein Verfassungsorgan der BRD darf die Wiederherstellung der staatlichen Einheit als politisches Ziel aufgeben, alle Verfassungsorgane sind verpflichtet, in ihrer Politik auf die Erreichung dieses Zieles hinzuwirken – das schließt die Forderung ein, den Wiedervereinigungsanspruch im Innern wachzuhalten und nach Außen beharrlich zu vertreten – und alles zu unterlassen, was die Wiedervereinigung vereiteln würde. Die Bundesregierung hat allerdings in eigener Verantwortung zu entscheiden, mit welchen politischen Mitteln und auf welchen politischen Wegen sie das nach dem GG rechtlich gebotene Ziel der Wiedervereinigung zu erreichen oder ihm wenigstens näherzukommen versucht. Die Abschätzung der Chancen ihrer Politik ist ihre und der sie tragenden parlamentarischen Mehrheit Sache. Hier hat das Gericht weder Kritik zu üben noch seine Auffassung über die Aussichten der Politik zu äußern. Die politische Verantwortung dafür liegt allein bei den politischen Instanzen. Eine Grenze, die allerdings das *BVerfG* deutlich zu machen, zu bestimmen und u. U. durchzusetzen hat, liegt im Rechts- und Verfassungsstaat der BRD darin, daß die Verfassung verbietet, daß die Bundesrepublik auf einen *Rechtstitel* (eine Rechtsposition) aus dem GG verzichtet, mittels dessen sie in Richtung auf Verwirklichung der Wiedervereinigung und der Selbstbestimmung wirken kann, oder einen mit dem GG unvereinbaren Rechtstitel schafft oder sich an der Begründung eines solchen Rechtstitels beteiligt, der ihr bei ihrem Streben nach diesem Ziel entgegengehalten werden kann. Es ist ein Unterschied, ob man – solange daraus nicht die Gefahr der Verwirkung des Rechtstitels erwächst – *politisch* von einem Rechtstitel keinen Gebrauch macht oder ihn derzeit oder für absehbare Zeit nicht als politisches Instrument für tauglich hält, sich also damit abfindet, daß mit ihm kein politischer Erfolg erzielt werden kann, oder ob man auf ihn im Rechtssinn verzichtet. Man kann sich in diesem Sinne also politisch mit Realitäten abfinden. Das GG verlangt aber, daß insoweit kein in ihm begründeter Rechtstitel preisgegeben wird, der jetzt oder später ein Argument zur Förderung des Bestrebens nach Wiedervereinigung bieten kann. Und Entsprechendes gilt für den umgekehrten Fall: *Politisches* Verhalten mag sich später als «falsch kalkuliert» herausstellen und der Bundesregierung von anderen in ihrem Bemühen um Wiedervereinigung politisch entgegengehalten werden können; dieser – vom *BVerfG* mit keinem Wort zu kommentierende – Tatbestand unterscheidet sich wesentlich von dem anderen, daß die BRD mitwirkt bei einem *Rechtsinstrument*, das ihr von anderen in ihrem Bemühen um Wiedervereinigung entgegengehalten werden kann. Daraus ergibt sich beispielsweise: Die klare Rechtsposition jeder Regierung der BRD ist: Wir haben von der im GG vorausgesetzten, in ihm «verankerten» Existenz Gesamtdeutschlands mit einem deutschen (Gesamt-)Staatsvolk und einer (gesamt-)deutschen Staatsgewalt auszugehen. Wenn heute von der «deutschen Nation» gesprochen wird, die eine Klammer für Gesamtdeutschland sei, so ist dagegen nichts einzuwenden, wenn darunter auch ein Synonym für das «deutsche Staatsvolk» verstanden wird, an jener Rechtsposition also festgehalten wird und nur aus politischen Rücksichten eine andere Formel verwandt wird. Versteckte sich dagegen hinter dieser neuen Formel «deutsche Nation» *nur* noch der Begriff einer im Bewußtsein der Bevölkerung vorhandenen Sprach- und Kultureinheit, dann wäre das *rechtlich* die Aufgabe einer unverzichtbaren Rechtsposition. Letzteres stünde in Widerspruch zum Gebot der Wiedervereinigung als Ziel, das von der Bundesregierung mit allen erlaubten Mitteln anzustreben ist. Ebenso verhielte es sich, wenn die Verweisung auf die Viermächte-Verantwortung für Gesamtdeutschland bedeuten würde, künftig sei sie *allein* noch eine (letzte) rechtliche Klammer für die Fortexistenz Gesamtdeutschlands; verfassungsgemäß ist nur – wie es auch die Bundesregierung selbst versteht –, daß sie eine weitere Rechtsgrundlage für das Bemühen der Bundesregierung um Wiedervereinigung bildet, nämlich eine «völkerrechtliche» *neben* der staatsrechtlichen.

[...]

IV. 1. Der Vertrag kann rechtlich nur gewürdigt werden, wenn man ihn in einen größeren Zusammenhang stellt. Er ist ein Stück einer umfassenderen Politik, näherhin der von der Bundesregierung auf Entspannung angelegten Ostpolitik, innerhalb derer vor allem die Verträge von Moskau und Warschau herausragende Meilensteine sind; diese Verträge waren ebenso Voraussetzung für den Abschluß des Grundlagenvertrags, wie der Grundlagenvertrag seinerseits für die Bundesregierung ein Ziel war, das sie durch Abschluß jener beiden Ostverträge zu erreichen hoffte. In diesem Zusammenhang gewinnt der Grundvertrag dieselbe fundamentale Bedeutung wie der Moskauer und der Warschauer Vertrag. Er ist kein beliebig korrigierbarer Schritt wie viele Schritte in der Politik, sondern er bildet, wie schon sein Name sagt, die Grundlage für eine auf Dauer angelegte neue Politik. Dementsprechend enthält er weder eine zeitliche Befristung noch eine Kündigungsklausel. Er stellt eine historische Weiche, von der aus das Verhältnis zwischen der BRD und der DDR neu gestaltet werden soll. Dieser Zusammenhang ist für die rechtliche Beurteilung des Vertrags von mehrfacher Bedeutung:

Er ist zwar in ähnlicher Weise wie das GG (vgl. Präambel, Art. 23 und 146 GG) keine endgültige Lösung der deutschen Frage. Gleichwohl kann er nicht als eine bloße «Übergangslösung» bis zu einer späteren «endgültigen» Neubestimmung des Verhältnisses zwischen den beiden Staaten qualifiziert werden; er ist kein vereinbarter «modus vivendi», der in absehbarer Zeit durch eine andere grundsätzliche Neubestimmung des Verhältnisses zwischen diesen beiden Staaten abgelöst werden soll. Er selbst ist die ernsthaft gewollte neue Grundlage für die Bestimmung des Verhältnisses der beiden Staaten zueinander, – unbeschadet dessen, daß die Vertragsteile rechtlich frei sind, jederzeit übereinzukommen, den Vertrag in Übereinstimmung mit den für ihn geltenden Rechtsgrundsätzen zu ändern oder zu ergänzen.

Aus der dargelegten politischen Bedeutung des Vertrags ergibt sich weiter die rechtliche Folgerung: Als Grundlage für die neuen Beziehungen zwischen den beiden deutschen Staaten erwächst aus ihm in der kommenden Zeit mit Notwendigkeit eine Vielzahl von *rechtlichen Konkretisierungen* des neuen Neben- und Miteinander der beiden Staaten (vgl. Art. 7 des Vertrags). Jeder dieser weiteren rechtlichen Schritte muß nicht nur vertragsgemäß, sondern auch grundgesetzgemäß sein. Es bedarf also heute schon der Klarstellung, daß alles, was unter Berufung auf den Vertrag an weiteren rechtlichen Schritten geschieht, nicht schon deshalb rechtlich in Ordnung ist, weil die vertragliche Grundlage (der Vertrag) verfassungsrechtlich nicht zu beanstanden sei. Deshalb sind schon in diesem Normenkontrollverfahren, soweit übersehbar, die *verfassungsrechtlichen* Grenzen aufzuzeigen, die für das «Ausfüllen» des Vertrags durch spätere Vereinbarungen und Abreden bestehen.

2. Der Vertrag ist eingebettet in umgreifendere und speziellere Rechts-

verhältnisse, die ebenfalls bei seiner rechtlichen Würdigung zu beachten sind: Das wird besonders deutlich durch die Bezugnahme auf die Charta der Vereinten Nationen in Art. 2 und Art. 3 des Vertrags und durch die Regelung in Art. 9, wonach «durch diesen Vertrag» die von den Vertragspartnern «früher abgeschlossenen oder sie betreffenden zweiseitigen und mehrseitigen internationalen Verträge und Vereinbarungen nicht berührt werden»; das sind insbesondere die von der BRD abgeschlossenen «Westverträge» – es bleibt also vor allem auch unberührt Art. 7 des Deutschlandvertrags, nach dem die BRD und die Drei Mächte nach wie vor vertraglich verpflichtet bleiben (Abs. 2), zusammenzuwirken, «um mit friedlichen Mitteln ihr gemeinsames Ziel zu verwirklichen: ein wiedervereinigtes Deutschland, das eine freiheitlich-demokratische Verfassung ähnlich wie die BRD besitzt und das in die europäische Gemeinschaft integriert ist» – sowie die Verträge von Moskau und Warschau und die Deutschland als Ganzes betreffenden Viermächte-Vereinbarungen, aber auch beispielsweise der zwischen der DDR und der Volksrepublik Polen abgeschlossene Grenz- und Freundschaftsvertrag, soweit er Deutschland (als Ganzes) berührt. Die Bedeutung der Klausel des Art. 9 des Vertrags wird auch sichtbar in dem Briefwechsel zwischen den beiden Unterhändlern, in dem sie sich wechselseitig unterrichten über die Noten an die Botschafter Frankreichs, Englands und der Vereinigten Staaten sowie an den Botschafter der Sowjetunion, und in den «Erklärungen beider Seiten in bezug auf Berlin (West)», in denen auf das Viermächte-Abkommen v. 3.9.1971, das Berlin betrifft, Bezug genommen wird.

3. Berücksichtigt man die dargelegten Zusammenhänge, so wird deutlich, welche Bedeutung den in der politischen Diskussion verwendeten Formeln «zwischen den beiden Staaten bestehende besondere Beziehungen» und «der Vertrag besitze einen diesen besonderen Verhältnissen entsprechenden besonderen Charakter» zukommt: Die DDR ist i. S. des Völkerrechts ein Staat und als solcher Völkerrechtssubjekt. Diese Feststellung ist unabhängig von einer völkerrechtlichen Anerkennung der DDR durch die BRD. Eine solche Anerkennung hat die BRD nicht nur nie förmlich ausgesprochen, sondern im Gegenteil wiederholt ausdrücklich abgelehnt. Würdigt man das Verhalten der BRD gegenüber der DDR im Zuge ihrer Entspannungspolitik, insbesondere das Abschließen des Vertrags als faktische Anerkennung, so kann sie nur als eine faktische Anerkennung besonderer Art verstanden werden.

Das Besondere dieses Vertrages ist, daß er zwar ein bilateraler Vertrag zwischen zwei Staaten ist, für den die Regeln des Völkerrechts gelten und der die Geltungskraft wie jeder andere völkerrechtliche Vertrag besitzt, aber zwischen zwei Staaten, die Teile eines noch immer existierenden, wenn auch handlungsunfähigen, weil noch nicht reorganisierten umfassenden Staates Gesamtdeutschland mit einem einheitlichen Staatsvolk sind, dessen Grenzen genauer zu bestimmen hier nicht nötig ist. Daraus ergibt sich die besondere rechtliche Nähe, in der die beiden Staaten zueinander stehen, daraus ergibt sich folgerichtig die Regelung in Art. 8, wonach beide Staaten nicht Botschafter, sondern ständige Vertretungen am Sitz der jeweiligen Regierung austauschen, daraus ergibt sich die Besonderheit des Ratifikationsverfahrens, das nicht endet mit dem Austausch von Ratifikationsurkunden auf Grund Vollmacht des Bundespräsidenten, sondern mit dem Austausch «entsprechender Noten», von denen die eine auf Seite der BRD von der Bundesregierung ausgefertigt wird, und ergibt sich schließlich die Gesamttendenz des Vertrags, zu einer möglichst engen Zusammenarbeit zwischen den Vertragspartnern mit dem Ziele einer Verbesserung der menschlichen Beziehungen über die gemeinsame Grenze hinweg zu gelangen (6. Abs. der Präambel, Art. 7 des Vertrags und Zusatzprotokoll). Die Erklärung in Nr. 1 des Zusatzprotokolls zu Art. 7, daß der Handel zwischen der BRD und der DDR auf der Grundlage der bestehenden Abkommen entwickelt wird, macht außerdem deutlich, daß dieser Handel von den Vertragspartnern übereinstimmend nicht als Außenhandel betrachtet wird. Insofern läßt sich das Besondere dieses Vertrags auch durch die Formel verdeutlichen, daß er «inter-se-Beziehungen» regelt. Er regelt aber nicht ausschließlich solche Beziehungen und fällt deshalb nicht aus der Ordnung des allgemeinen Völkerrechts heraus, gehört also nicht einer spezifischen, erst durch ihn geschaffenen, gegenständlich beschränkten Sonderrechtsordnung an. Diese Deutung verbietet sich durch die Regelungen in Art. 2 und Art. 3 des Vertrags, die als für das Verhältnis zwischen den Partnern wesentlich, ausdrücklich die Charta der Vereinten Nationen nennen. Der Vertrag hat also einen *Doppel*charakter; er ist seiner Art nach ein völkerrechtlicher Vertrag, seinem spezifischen Inhalt nach ein Vertrag, der vor allem inter-se-Beziehungen regelt. Inter-se-Beziehungen in einem völkerrechtlichen Vertrag zu regeln, kann vor allem dann nötig sein, wenn eine staatsrechtliche Ordnung, wie hier wegen der Desorganisation des Gesamtstaats, fehlt. Selbst im Bundesstaat bemessen sich, falls eine Regelung in der Bundesverfassung fehlt, die Beziehungen zwischen den Gliedstaaten nach den Regeln des Völkerrechts (vgl. die Entscheidung des Staatsgerichtshofs für das Deutsche Reich, LAMMERS-SIMONS, I, 178ff.; 207ff.; dazu die Fortentwicklung nach dem Recht des Grundgesetzes: *BVerfGE* 1, 14 [51] = NJW 51, 877; *BVerfGE* 34, 216 [230 ff.] = NJW 73, 609). Unrichtig ist also die Auffassung, *jedes* «Zwei-Staaten-Modell» sei mit der grundgesetzlichen Ordnung unvereinbar.

V. Im einzelnen ist zur verfassungsrechtlichen Beurteilung des Vertrags noch folgendes auszuführen:

1. Wie oben dargelegt, setzt das Wiedervereinigungsgebot des GG der Gestaltungsfreiheit der Staatsorgane verfassungsrechtliche Grenzen: Es darf keine Rechtsposition aus dem GG, die der Wiedervereinigung auf der Grundlage der freien Selbstbestimmung des deutschen Volkes dienlich ist, aufgegeben werden und es darf andererseits kein mit dem GG unvereinbares Rechtsinstrument unter Beteiligung der Verfassungsorgane der BRD geschaffen werden, das der Bemühung der Bundesregierung um Wiedervereinigung entgegengehalten werden kann. In diesem Zusammenhang hat der Brief der Bundesregierung zur deutschen Einheit an die Regierung der DDR seine Bedeutung: Nach dem Ergebnis der mündlichen Verhandlung vom 19. 6. 1973 steht fest, daß der wesentliche Inhalt des Briefes vor Abschluß der Verhandlungen angekündigt und der Brief der Gegenseite unmittelbar vor Unterzeichnung des Vertrags zugestellt worden ist. In ihm ist festgehalten, daß der Vertrag nicht in Widerspruch steht «zu dem politischen Ziel der BRD, auf einen Zustand des Friedens in Europa hinzuwirken, in dem das deutsche Volk in freier Selbstbestimmung seine Einheit wiedererlangt».

Dieser Brief, der im Lichte der oben dargelegten Verfassungslage und der früher eingegangenen, oben zitierten vertraglichen Verpflichtung aus Art. 7 des Deutschlandvertrags zu verstehen ist, bestätigt nur, was sich aus der Interpretation des Vertrags selbst ergibt:

In der Präambel des Vertrags heißt es: «unbeschadet der unterschiedlichen Auffassungen der BRD und der DDR zu grundsätzlichen Fragen, darunter zur nationalen Frage». Die «nationale Frage» ist für die BRD konkreter das Wiedervereinigungsgebot des GG, das auf die «Wahrung der staatlichen Einheit des deutschen Volkes» geht. Die Präambel, so gelesen, ist ein entscheidender Satz zur Auslegung des ganzen Vertrags: Er steht mit dem grundgesetzlichen Wiedervereinigungsgebot nicht in Widerspruch. Die Bundesregierung verliert durch den Vertrag nicht den Rechtstitel, überall im internationalen Verkehr, auch gegenüber der DDR, nach wie vor die staatliche Einheit des deutschen Volkes im Wege seiner freien Selbstbestimmung fordern zu können und in ihrer Politik dieses Ziel mit friedlichen Mitteln und in Übereinstimmung mit den allgemeinen Grundsätzen des Völkerrechts anzustreben. Der Vertrag ist kein Teilungsvertrag, sondern ein Vertrag, der weder heute noch für die Zukunft ausschließt, daß die Bundesregierung jederzeit alles ihr Mögliche dafür tut, daß das deutsche Volk seine staatliche Einheit wieder organisieren kann. Er kann ein erster Schritt sein in einem längeren Prozeß, der zunächst in einem der dem Völkerrecht bekannten verschiedenen Varianten einer Konföderation endet, also ein Schritt in Richtung auf die Verwirklichung der Wiedervereinigung des deutschen Volkes in einem Staat, also auf die Reorganisation Deutschlands.

2. In Art. 3 Abs. 2 des Vertrags bekräftigen die vertragschließenden Teile «die Unverletzlichkeit der zwischen ihnen bestehenden Grenze jetzt und in der Zukunft und verpflichten sich zur uneingeschränkten Achtung ihrer territorialen Integrität». Es gibt Grenzen verschiedener rechtlicher Qualität: Verwaltungsgrenzen, Demarkationsgrenzen, Grenzen von Interessensphären, eine Grenze des Geltungsbereichs des GG, die Grenzen des Deutschen Reiches nach dem Stand v. 31.12.1937, staatsrechtliche Grenzen und hier wiederum solche, die den Gesamtstaat einschließen, und solche, die innerhalb eines Gesamtstaates Gliedstaaten (z. B. die Länder der BRD) voneinander trennen. Daß in Art. 3 Abs. 2 eine *staatsrechtliche* Grenze gemeint ist, ergibt sich unzweideutig aus dem übrigen Inhalt des Vertrags (Art. 1, 2, 3 Abs. 1, 4, 6). Für die Frage, ob die Anerkennung der Grenze zwischen den beiden Staaten als *Staats*grenze mit dem GG vereinbar ist, ist entscheidend die Qualifizierung als staatsrechtliche Grenze zwischen zwei Staaten, deren «Besonderheit» ist, daß sie auf dem Fundament des noch existierenden Staates «Deutschland als Ganzes» existieren, daß es sich also um eine staatsrechtliche Grenze handelt ähnlich denen, die zwischen den Ländern der BRD verlaufen. Mit dieser Qualifizierung der Grenze ist einerseits vereinbar die Abrede, daß die beiden Staaten «normale gutnachbarliche Beziehungen zueinander auf der Grundlage der Gleichberechtigung» entwickeln (Art. 1 des Vertrags), die Abrede, wonach beide Staaten sich von dem Prinzip der «souveränen Gleichheit aller Staaten», das in der Charta der Vereinten Nationen niedergelegt ist, leiten lassen (Art. 2 des Vertrags) und die Abrede, daß beide Staaten von dem Grundsatz ausgehen, daß die Hoheitsgewalt jedes der beiden Staaten sich auf sein Staatsgebiet beschränkt und daß sie die Unabhängigkeit und Selbständigkeit jedes der beiden Staaten in seinen inneren und äußeren Angelegenheiten respektieren (Art. 6 des Vertrags). Andererseits trägt diese Qualifizierung der Staatsgrenze in Art. 3

Abs. 2 des Vertrags dem Anspruch des GG Rechnung, daß die nationale Frage, das ist die Forderung nach Erreichung der staatlichen Einheit des deutschen Volkes, offen bleibt.

Wenn Art. 3 Abs. 2 des Vertrags das Wort «bekräftigt» verwendet, so läßt sich daraus nicht herleiten, daß hier nur eine anderweit – im Moskauer Vertrag – getroffene Regelung, die der Grenze den Charakter der staatsrechtlichen Grenze verliehen hat, in Bezug genommen wird, der Vertragsbestimmung also keinerlei *konstitutive* Bedeutung zukommt. Man kann Grenzen als Staatsgrenzen *mehrfach* vertraglich anerkennen und garantieren. Und das hat rechtliche Bedeutung, weil das Schicksal der verschiedenen vertraglichen Anerkennungen verschieden sein kann. Ohne daß es also nötig wäre zu untersuchen, welche rechtliche Bedeutung der entsprechenden Regelung im Moskauer Vertrag zukommt, ist davon auszugehen, daß Art. 3 Abs. 2 des Vertrags eine *neue* und zusätzliche vertragliche Anerkennung der Grenze zwischen der BRD und der DDR enthält und diese Grenze konstitutiv garantiert. Sie ist in der oben gegebenen Qualifizierung (und nur in dieser Qualifizierung) mit dem GG vereinbar.

Daß nach den auf den Vertrag anzuwendenden Regeln des Völkerrechts auch die Vereinbarung in Art. 3 Abs. 2 des Vertrags über Bestand und Verlauf der Grenze einer einvernehmlichen Änderung in Zukunft nicht entgegensteht, versteht sich von selbst.

3. In Art. 6 kommen die Vertragsteile dahin überein, daß sie von dem Grundsatz ausgehen, daß die Hoheitsgewalt jedes der beiden Staaten sich auf sein Staatsgebiet beschränkt und daß sie die Unabhängigkeit und Selbständigkeit jedes der beiden Staaten in seinen inneren und äußeren Angelegenheiten respektieren. Auch diese Vereinbarung ist nur mit dem GG vereinbar, wenn man sie dahin auslegt, daß für die BRD die Basis dieses Vertrags der von ihr nach dem GG anzuerkennende Fortbestand Deutschlands als (zwar nicht organisierter und deswegen handlungsunfähiger) Staat ist und daß deshalb die wechselseitige Beschränkung der Hoheitsgewalt auf je das eigene Staatsgebiet und die Respektierung der Unabhängigkeit und Selbständigkeit jedes der beiden Staaten in seinen inneren und äußeren Angelegenheiten ihren Bezug auf das *besondere* Verhältnis haben, in dem beide Staaten als Teilstaaten Gesamtdeutschlands zueinander stehen.

4. Art. 23 GG bestimmt: «Dieses Grundgesetz gilt *zunächst* im Gebiet der Länder.... *In anderen Teilen Deutschlands* ist es nach deren Beitritt in Kraft zu setzen.» Daß diese Bestimmung in einem inneren Zusammenhang mit dem Wiedervereinigungsgebot steht, liegt auf der Hand. Doch

darauf kommt es hier nicht an. Die Bestimmung hat ihre *eigene* Bedeutung und gehört nach ihrem Inhalt zu den zentralen Vorschriften, die dem GG ihr besonderes Gepräge geben. Sie besagt, daß sich diese BRD als gebietlich unvollständig versteht, daß sie, sobald es möglich ist und die Bereitschaft anderer Teile Deutschlands zum Beitritt vorliegt, von sich aus kraft dieser Verfassungsbestimmung das dazu Nötige zu tun verpflichtet ist, und daß sie erst «vollständig» das ist, was sie sein will, wenn die anderen Teile Deutschlands ihr angehören. Dieses «rechtlich Offensein» gegenüber dem erstrebten Zuwachs liegt spezifisch darin, daß sie, die BRD, rechtlich *allein* Herr der Entschließung über die Aufnahme der anderen Teile ist, sobald diese sich dafür entschieden haben, beizutreten. Diese Vorschrift verbietet also, daß sich die Bundesregierung *vertraglich in eine Abhängigkeit begibt*, nach der sie rechtlich nicht mehr *allein*, sondern nur noch im Einverständnis mit dem Vertragspartner die Aufnahme verwirklichen kann. Das ist etwas anderes als die *politische*, die faktische Abhängigkeit jeder Bundesregierung, derzeit Gelegenheit zur Aufnahme eines weiteren Teils Deutschlands nur zu haben, wenn die inzwischen anderweit staatlich organisierten Teile Deutschlands nach deren Verfassungsrecht die Voraussetzung für eine «Aufnahme» schaffen.

Art. 23 GG ist weder durch die politische Entwicklung überholt, noch sonst aus irgendeinem Grund rechtlich obsolet geworden. Er gilt unverändert fort.

«Andere Teile Deutschlands» haben allerdings mittlerweile in der DDR ihre Staatlichkeit gefunden. In dieser Weise organisiert, können sie ihren Willen zur Vereinigung mit der BRD (ihren «Beitritt») nur in der Form äußern, die ihre Verfassung zuläßt. Die Voraussetzung für die Realisierung des Beitritts ist also ein staatsrechtlicher Vorgang in der DDR, der einem rechtlichen Einfluß durch die BRD nicht zugänglich ist. Das berührt jedoch nicht die beschriebene in Art. 23 GG enthaltene Verfassungspflicht, den anderen Teilen Deutschlands den Beitritt offen zu halten. Und daran hat auch der Vertrag nichts geändert. Anders ausgedrückt: Die im Vertrag hingenommene Abhängigkeit vom Rechtswillen der DDR bei der Realisierung der Aufnahme anderer Teile Deutschlands ist nichts weiter, als eine Bestätigung dessen, was ohnehin rechtens ist, nachdem andere Teile Deutschlands sich in einem Staat DDR organisiert haben. Das heißt dann allerdings zugleich, daß keine der Vertragsbestimmungen dahin ausgelegt werden kann, daß die Bereitschaft (und Aufforderung) der Bundesregierung, das ihr gemäß Art. 23 GG zur Pflicht Gemachte zu verwirklichen, ein vertragswidriges Verhalten wäre. Diese

Aufnahme der anderen Teile Deutschlands in *einen* freien deutschen Staat, der rechtlich auch nach Inkrafttreten des Vertrags möglich bleiben muß, ist die grundgesetzlich gebotene Rechtsauffassung, die der politischen Vorstellung der DDR entgegenzusetzen ist, daß es eine Vereinigung nur in einem kommunistischen deutschen Staat der Zukunft geben dürfe.
[...]

VI. Abschließend bedarf es zur Klarstellung der Bedeutung dieser Begründung des Urteils noch folgender Bemerkungen:
1. Die vorstehende Begründung behandelt den Vertrag wie ein vom Bundesgesetzgeber erlassenes Gesetz, läßt also beiseite, daß es auch spezifische Grenzen für die *Vertrags*auslegung gibt. Ihnen ist Rechnung getragen durch die Überlegung: Alle Ausführungen zur verfassungskonformen Auslegung des Vertrags lassen sich zurückführen auf den *einen* Grunddissens, den der Vertrag selbst in der Präambel offenlegt; die Vertragschließenden sind sich einig, daß sie über die «nationale Frage» nicht einig sind; wörtlich heißt es: «unbeschadet der unterschiedlichen Auffassungen der BRD und der DDR zu grundsätzlichen Fragen, darunter zur nationalen Frage». Es entspricht also in diesem Fall den besonderen Regeln über die Auslegung von Verträgen, wenn das Urteil aus diesem Dissens für die Auslegung des Vertrags alle Konsequenzen zieht, die die BRD als Vertragspartner nach dem Recht des GG für sich in Anspruch nehmen muß.
2. Aus dem bisher Dargelegten ergibt sich, daß der Vertrag als ein Vertrag, der auf Ausfüllung angelegt ist, rechtlich außerordentlich bedeutsam ist nicht nur durch seine Existenz und durch seinen Inhalt, sondern vor allem auch als Rahmen für die künftigen Folgeverträge. Alle Ausführungen der Urteilsbegründung, auch die, die sich nicht ausschließlich auf den Inhalt des Vertrags selbst beziehen, sind nötig, also i. S. der Rechtsprechung des *BVerfG* Teil der die Entscheidung tragenden Gründe.
3. Die DDR hatte vor Inkraftsetzen des Vertrags (20.6.1973) volle Kenntnis von dem beim *BVerfG* anhängigen Verfahren, von der Kompetenz des *BVerfG*, von der Bindung der Bundesregierung und aller Verfassungsorgane, Gerichte und Behörden des Bundes und der Länder an die Entscheidungen des *BVerfG*, kannte die rechtlichen Darlegungen der Bundesregierung im Gesetzgebungsverfahren, die in der Substanz mit der durch dieses Urteil verbindlich gewordenen Rechtsauffassung nicht in Widerspruch stehen, und den vollen, im BGBl. veröffentlichten Text des Vertragsgesetzes einschließlich des schon bei der Paraphierung des Ver-

trags angekündigten Briefes zur deutschen Einheit und war von der Bundesregierung – ohne daß ihr von der anderen Seite widersprochen wurde – immer wieder darauf hingewiesen worden, daß sie den Vertrag nur abschließen könne so, wie er mit dem GG vereinbar sei. Diese Umstände sind geeignet auch in der völkerrechtlichen Auseinandersetzung, insbesondere auch gegenüber dem Vertragspartner dem Vertrag die Auslegung zu geben, die nach dem GG erforderlich ist. Das steht im Einklang mit einem Satz des allgemeinen Völkergewohnheitsrechts, der in der Staatenpraxis Bedeutung hat, wenn es darum geht, ob ausnahmsweise ein Vertragsteil sich dem anderen gegenüber darauf berufen kann, dieser hätte erkennen können und müssen, daß dem Vertrag in einer bestimmten Auslegung das innerstaatliche Verfassungsrecht entgegensteht.

VII. Diese Entscheidung ist einstimmig ergangen.

(Quelle: BVerfGE 36, 1)

Bücher zum Frieden

U. Albrecht/P. Lock/H. Wulf
Mit Rüstung gegen Arbeitslosigkeit
(5122)

Alfred Mechtersheimer/Peter Barth (Hg.)
Den Atomkrieg führbar und gewinnbar machen?
Dokumente zur Nachrüstung.
Band 2 (5247)

SIPRI (Hg.)
Atomwaffen in Europa
Nachrüstungsdruck und Abrüstungsinitiativen. Rüstungsjahrbuch '82/83
(5022)
Waffenexport und Krieg
Rüstungsjahrbuch 4 (5432)
Gentechnik als Waffe
Rüstungsjahrbuch 5 (5636)

Komitee für Grundrechte und Demokratie (Hg.)
Frieden mit anderen Waffen
Fünf Vorschläge zu einer alternativen Sicherheitspolitik (4939)

Herausgegeben von Freimut Duve

Großformat 5237   5554

C 2041/10